Quem conta um conto...
Os menores de sete anos como leitores e autores

Quem conta um conto... Os menores de sete anos como leitores e autores
© Edições SM Ltda.

Todos os direitos reservados.

Direção editorial Juliane Matsubara Barroso
Gerência de processos editoriais Marisa Martin
Edição Ana Luiza Couto
Revisão Cláudia Rodrigues do Espírito Santo (Coord.), Débora Mathias Ferreira de Paiva, Eliane Santoro, Fernanda Oliveira Souza
Coordenação de design Erika Tiemi Yamauchi Asato
Coordenação de arte Ulisses Pires
Edição de arte e editoração Leonardo Carvalho
Capa Adilson Casarotti
Iconografia Josiane Laurentino (Coord.), Sílvia Nastari
Tratamento de imagem Marcelo Casaro
Fabricação Alexander Maeda
Impressão PSP Digital

Dados Internacionais de Catalogação na Publicação (CIP)
(Câmara Brasileira do Livro, SP, Brasil)

Chapela, Luz María
   Quem conta um conto... : Os menores de sete anos como leitores e autores / Luz María Chapela ; tradução Ana Luiza Couto. — 1. ed. — São Paulo : Edições SM, 2015. — (Somos mestres)

   Título original : Dime, diré y dirás : Los menores de siete años como lectores y autores.
   ISBN 978-85-418-1058-6

   1. Educação – Formação 2. Escritores e leitores 3. Leitores – Formação 4. Leitura 5. Mediação 6. Professores – Formação I. Título. II. Série.

15-05304   CDD-370

Índice para catálogo sistemático:
1. Formação de leitores e autores : Educação 370

1ª edição brasileira, 2015

Todos os direitos reservados a
Edições SM Ltda.
Rua Tenente Lycurgo Lopes da Cruz, 55
Água Branca   05036-120   São Paulo   SP   Brasil
Tel. 11 2111-7400
edicoessm@grupo-sm.com
www.edicoessm.com.br

somos MESTRES

Quem conta um conto...
Os menores de sete anos como leitores e autores

Luz María Chapela
Com formação em Biologia, Sociologia, Semiologia e Pedagogia Montessori, é atualmente assessora, no México, do Consejo Nacional para la Cultura y las Artes e do Fondo de Cultura Económica.

Tradução
Ana Luiza Couto

São Paulo
1ª edição
2015

Sumário

APRESENTAÇÃO 11

CAPÍTULO 1. LEITURA E PALAVRA:
    A LEITURA 15
    A PALAVRA 19

CAPÍTULO 2. AS CRIANÇAS MENORES DE 18 MESES:
    OS BEBÊS COMO LEITORES E AUTORES 23
    AS PEQUENAS COISAS 25
    A VÉSPERA 26
    O BEBÊ COMO PROTAGONISTA 28
    PRIMEIRAS CRIAÇÕES 31
    AS DUAS VOZES 32
    LADAINHAS 33
    COLEÇÕES 37
    LIVROS-ÁLBUM 41
    OUTROS LIVROS 43
    APREDIZAGENS 44

CAPÍTULO 3. APÓS OS 18 MESES:
    AS CRIANÇAS COM MAIS DE UM ANO E MEIO 47
    HISTÓRIAS PARA CHAMAR O SONO 50
    RODAS 53
    CANCIONEIROS 56
    HISTÓRIAS DA VIDA REAL 58
    HISTÓRIAS ORAIS 59
    GÊNEROS DIVERSOS 62
    ARGUMENTOS, OPINIÕES, DIÁLOGOS E DEBATES 63
    RELEITURA 65
    TEATRO 66
    POESIA 67
    O GOSTO ESTÁ NA VARIEDADE 71
    RELATOS, CIENTÍFICOS E TECNOLÓGICOS 76
    DICIONÁRIOS 78
    BIBLIOTECAS 79
    MIDIATECAS 80
    CONVERSAS ENTRE PARES 84

ANEXO 1. EM BUSCA DE QUALIDADE: ALGUNS INDICADORES DE SUCESSO 87
ANEXO 2. EM SUAS PRÓPRIAS PALAVRAS 91
REFERÊNCIAS BIBLIOGRÁFICAS 94

Prólogo

Escrever o prólogo para a edição brasileira do livro de Luz María Chapela é, para mim, "uma grande alegria, mais do que uma honra", pois, como continuaria Barthes, "a honra pode ser imerecida, a alegria nunca o é[1]". E essa alegria tem muitos motivos. Um deles é o de apresentar para o leitor brasileiro – professores da Educação Infantil, bibliotecários, familiares de crianças menores de sete anos, contadores de histórias, brincantes, ilustradores, músicos, editores – uma obra comprometida com o direito da criança à literatura. No Brasil, a escassa produção teórica sobre esse tema, as pesquisas que constatam a inadequação das práticas de leitura e de escrita desenvolvidas em creches e pré-escolas e os estudos que mostram a pouca frequência com que ocorre, em ambientes familiares, a leitura para essa faixa etária são elementos que atestam o quanto temos negligenciado o direito da criança de se inserir na cultura escrita e, em especial, de se constituir como um leitor literário, desde a mais tenra idade.

Este livro reafirma com veemência e precisão, em cada proposta de interação entre adultos, livros e crianças, o conceito de literatura cunhado pelo professor Antonio Cândido: toda e qualquer criação de toque poético, ficcional ou dramático, das formas mais complexas da produção escrita das grandes civilizações até aquelas que circulam em todos os níveis de uma sociedade, como folclore, lenda, chiste, provérbios, parlendas. Por isso, para esse ilustre companheiro de luta pelo direito à literatura, "não há povo que possa viver sem ela, isto é, sem a possibilidade de entrar em contato com alguma espécie de fabulação[2]".

Se não há povo que possa viver sem ela, tampouco há uma categoria geracional que possa viver sem a experiência da fabulação. Ainda que, para alguns, soe estranho falar de leitura de livros infantis

---

[1] BARTHES, Roland. *A aula*. São Paulo; Cultrix, 1989.
[2] CANDIDO, Antonio. *Vários escritos*. Ed. rev. e ampl. São Paulo: Duas Cidades, 1995. p. 174.

para bebês e, até mesmo, para crianças que ainda não leem de forma autônoma, a literatura, compreendida como qualquer criação poética, nos permite afirmar que a história do leitor começa quando a criança inicia seus contatos com o mundo.

Chapela recupera a noção de que o primeiro texto literário, escrito sem lápis e sem folhas, é o que se inscreve em cantigas de ninar, brincadeiras e jogos infantis. Esta edição brasileira, por meio de uma tradução cuidadosa, apresentou acalantos, cantigas de roda, poesias e parlendas típicas de diferentes regiões do Brasil, dando a exata medida da relevância desses textos como experiências estéticas de linguagem, como os primeiros apoios para que a criança comece a nomear o mundo, envolvendo-a em palavras, ritmos, entonações, sons; inscrevendo esses primeiros textos na memória de cada um.

À medida que cresce, o bebê vai tomando consciência da possibilidade de representar o mundo por meio de gestos e da fala. É o uso contínuo da linguagem, na interação entre bebês e o outro, que faz que a criança vá descobrindo, pouco a pouco, o sentido das palavras, até compreender que a língua serve para comunicar e que também é um instrumento do pensamento. Uma vez mais, a literatura se apresenta como um direito inalienável desse pequeno cidadão. O texto literário, ao chegar por meio da voz de um leitor experiente, promove o contato da criança com situações e sentimentos que ela ainda não consegue explicar, mas com os quais depara cotidianamente, lhe proporcionando emoções e sensações.

Outro motivo de minha alegria ao escrever este texto é saber do compromisso deste livro com a formação do mediador ou do promotor de leitura. Não basta ter livros, nem tê-los de qualidade. Ainda que esses sejam elementos imprescindíveis, o direito dos bebês e das crianças menores de sete anos à literatura somente se efetivará se eles puderem vivenciar práticas literárias constantes e de qualidade. Talvez um dos maiores desafios que vivenciamos hoje em nosso país seja compreender que a formação do leitor literário requer um trabalho planejado e executado por profissionais capazes de realizar uma seleção de livros infantis apropriada, planejar situações em que os bebês e as crianças possam explorar os livros, organizar adequadamente acervos e espaços de leitura, promover leituras de textos de diferentes gêneros discursivos, conversas e outras atividades que estimulem os aspectos emocionais, afetivos e intelectuais, a fim de ampliar as experiências e vivências de mundo das crianças.

Essas não são condições simples de assegurar. Requerem uma formação profissional específica e adequada que leve em conta tanto as características desse ciclo de idade de formação quanto as obras de literatura infantil que melhor dialoguem com esses sujeitos. Esta obra de Chapela, ao apresentar as características dos contos para dormir, dos relatos clássicos, dos contos de tradição oral, das cantigas de roda, dos relatos da vida cotidiana, e ainda ao sugerir situações em que esses textos podem se tornar instrumentos de interação, confirma a linguagem escrita como uma prática social, ou seja, uma prática que se realiza a partir de um processo cultural, produzido historicamente. Considerando que nossa capacidade de construir sentidos requer a interação com o outro, que nos facilita um mundo de signos e de significados, fica evidente que o acesso precoce ao texto literário, desde que oportunizado por uma mediação eficaz, colabora para a inclusão das crianças no universo da cultura. Oferecer literatura, desde a mais tenra idade, requer conceber o ato de ler como um processo de construção de sentido sempre partilhado. A maneira como este livro sugere essa mediação e a forma como indica atividades a serem realizadas com textos literários dão, aos professores ou aos outros promotores de leitura, a condição de protagonistas de suas práticas.

O terceiro motivo de alegria por apresentar esta obra é saber que os leitores encontrarão nela evidências de como literatura e infância compartilham formas similares de ver a vida e construir significados. Como sugeria nosso saudoso Bartolomeu Campos de Queirós, a infância se funda na liberdade, espontaneidade, afetividade e fantasia. E essas são as mesmas substâncias presentes na construção literária. Para a criança, a linguagem é uma brincadeira. Assim como o poeta, a criança experimenta metáforas, onomatopeias, aliterações, anáforas, jogando com o caráter polissêmico da linguagem, explorando os deslocamentos de significados, dando outras dimensões para a palavra que não apenas a de expressão do pensamento.

A atenção ao aspecto estético e supérfluo das coisas que nos cercam é também uma das características da ação da criança sob as coisas do mundo e a essência do texto literário. Eduardo Galeano, ao ser perguntado sobre qual seria a função, hoje em dia, da literatura e da arte, mencionou a capacidade de observar o supérfluo e reconhecer nele algo essencial para a existência. E, finalmente, associou também à criança essa condição:

> [...] ser capaz de olhar o que não se olha, mas que merece ser olhado. As pequenas, as minúsculas coisas da gente anônima [...] ser capaz de contemplar o universo através do buraco da fechadura, ou seja, a partir das coisas pequenas; ser capaz de olhar as grandes, os grandes mistérios da vida, o mistério da dor humana, mas também o mistério da persistência humana nesta mania, às vezes inexplicável, de lutar por um mundo que seja a casa de todos [...]. Faz pouco tempo [...] estava assim, muito triste e saí a caminhar aqui, pelo bairro, e era cedo, de manhãzinha. Não conseguia dormir, me vesti, fui caminhar e cruzei com uma menina muito nova, devia ter uns dois anos, não mais que dois, que vinha brincando na direção oposta e ela vinha cumprimentando a grama, a graminha, as plantinhas. "Bom dia, graminha!", dizia: "bom dia, graminha!". Ou seja, nessa idade somos todos pagãos e nessa idade somos todos poetas. Depois o mundo se ocupa de apequenar nossa alma. [...][3]

Literatura e infância têm também em comum a imaginação e a criatividade. Como nos ensinou Vigotski, a imaginação é fruto da nossa experiência e depende dela para ser ampliada. O papel da literatura fica, assim, evidenciado como uma fonte inesgotável de material simbólico para que, nas palavras de Yolanda Reyes, cada criança comece "a descobrir não apenas quem ela é, mas também quem ela pode ser"[4]. As narrativas são fontes de experiências e de conhecimento do outro, de novos mundos, de novas possibilidades de existência. Por isso, oferecer literatura às crianças desde a mais tenra idade é garantir um direito e, portanto, cumprir um dever ético que requer professores bem formados e comprometidos em construir uma educação de qualidade.

---

[3] GALEANO, Eduardo. "*Para viver sem medo*". Disponível em: < http://outraspalavras.net/mundo/america-latina/galeano-para-viver-sem-medo/ > . Acesso em: 17 jun. 2015.
[4] REYS, Yolanda. *A casa imaginária*: leitura e literatura na primeira infância. São Paulo: Global, 2010.

Minha alegria se renova porque sei que esta obra é um "conto" que será narrado por muitas vozes, por muitos sujeitos, e cada conto narrado aumentará "pontos" que tecerão dia a dia o direito dos bebês e das crianças à imaginação, à brincadeira, ao belo, à literatura.

Desejo que professores, pais, bibliotecários e todos que lerem este livro se sensibilizem e se preparem para a responsabilidade de receber as crianças neste mundo, e para a emoção de iniciar, com elas, novas narrativas, e de inaugurar com elas sempre novos começos:

> — Belo porque é uma porta
> abrindo-se em mais saídas.
> — Belo como a última onda
> que o fim do mar sempre adia.
> — É tão belo como as ondas
> em sua adição infinita.
>
> — Belo porque tem do novo
> a surpresa e a alegria.
> — Belo como a coisa nova
> na prateleira até então vazia.
> — Como qualquer coisa nova
> inaugurando o seu dia.
> — Ou como o caderno novo
> quando a gente o principia.
>
> — E belo porque com o novo
> todo o velho contagia.[5]

MÔNICA CORREIA BAPTISTA
Professora do Departamento de Administração Escolar,
Faculdade de Educação da Universidade
Federal de Minas Gerais (UFMG).

---

5 MELO NETO, João Cabral de. *Morte e vida severina*. São Paulo: Alfaguara Brasil: 2007.

Introdução

Escrevo este livro para professores e comunidades escolares; para famílias e bairros; para bibliotecários, escritores, atores, contadores de histórias, marionetistas, menestréis, ilustradores, músicos, editores e para todas as pessoas que amam e respeitam a infância, a palavra, a literatura, o diálogo, a natureza, a sociedade, a autonomia e o pensamento livre, crítico e criativo.

Por meio destas páginas e com a cumplicidade de vocês, os leitores, busco propiciar – nos grupos e comunidades – um diálogo aberto, reflexivo e criativo sobre as muitas capacidades das crianças com menos de sete anos, e a função que desempenham, e podem desempenhar, os ambientes humano, físico e cultural ao possibilitar que essas capacidades se convertam em atos, para a alegria de todos.

Ao nascer, e a partir de legados e capacidades que dialogam com a realidade a sua volta, meninos e meninas constroem a si próprios como seres que são parte da natureza, seres com conhecimento e ao mesmo tempo com perguntas, seres com bagagens e, paradoxalmente, com rotas e destinos próprios, seres de palavra e com palavra, seres com mundos íntimos inimitáveis e seres sociais. No universo humano, essa tarefa criativa que corresponde aos meninos e às meninas é possível unicamente com a proteção, o apoio, o provimento e o acompanhamento constante de jovens e adultos solidários.

Nas páginas deste livro proponho reflexões sobre a leitura como interação criativa entre uma pessoa (ou um grupo) que lê a partir de sua individualidade e outro que tem algo a dizer e o diz por meio de ritmos, pausas, gestos, canções, danças, traços e palavras.

Neste sentido, os meninos e as meninas nascem lendo, pois a leitura do mundo lhes é indispensável para a construção de si mesmos. Do berço, leem o latido de um cão, as nuvens negras da tarde, a mecânica da vassoura, os gestos daqueles que os rodeiam, os ritmos dos que passam pela rua, as canções da irmã, as histórias que falam do dia a dia e os seres extraordinários ou as imagens de um livro ilustrado. E mais tarde, em casa ou na escola, leem músicas, antologias, peças teatrais, contos, lendas, ensaios, mapas, dicionários, relatórios científicos, concertos e poemas.

Escrever é propor novos relatos com significados próprios. Ler é descobrir, nos significados de outros, razões para construir significados novos. Por isso, todos os leitores (independentemente da idade) são criadores, pois todas as leituras que fazem atuam neles como desencadeadoras de ideias, conhecimentos, dúvidas, visões e histórias. A leitura, mais do que ensinar, instrumentaliza, provoca, incentiva, capacita, instiga e alimenta.

Em constante movimento, a leitura/escrita converte as crianças menores de sete anos em construtores livres que trabalham com base em um catálogo dos diferentes modelos de ser, pensar e desejar que os livros e seus ambientes lhes oferecem; em profundos conhecedores – especialistas, por exemplo, em formigas e formigueiro –; em laboratórios ambulantes de dúvidas e questões; em centros de atendimento (quando têm um livro nas mãos) em torno dos quais outros se juntam e conversam; em pesquisadores contumazes que buscam em seu entorno provas concretas do que dizem os livros; em demandantes incansáveis de palavras novas que lhes permitam nomear as coisas à sua volta; em valentes debatedores, capazes de colocar em discussão suas crenças mais arraigadas; em seres que inclementemente buscam explicações, pontos de vista e opiniões; ou em sutis criadores de propostas, diálogos, perguntas, contos e novas histórias.

Para refletir sobre essas ideias, dividi o livro em cinco partes. Na primeira, apresento textos sobre a leitura e a palavra, com a intenção de propor um guia para a revisão das duas partes seguintes. Na segunda, entro no espaço dos bebês e lembro que, como todos os seres humanos, os menores sentem, aprendem, escutam, têm muito que dizer e perguntar, e precisam ler o mundo para fazer parte dele. Na terceira parte, compartilho ideias e reflexões que giram em torno de meninos e meninas com idade entre 18 meses e sete anos e enfatizo o que podem fazer para se projetar no mundo, em busca de outros e com seu próprio discurso, antes mesmo que dominem a leitura e a escrita alfabéticas. No Anexo 1, proponho três conjuntos de indicadores de desempenho, que objetivam melhorar a qualidade da oferta e a maneira de acompanhar as crianças em sua relação com a literatura. Finalmente, para dar voz aos teóricos que atuam nas páginas deste livro, selecionei alguns trechos extraídos das referências bibliográficas, apresentados no Anexo 2.

As três primeiras partes são formadas por seções curtas que podem ser verificadas isoladamente ou vinculadas com as outras. Todas as páginas deste livro podem ser lidas uma depois da outra, alternadas ou de trás para frente.

Muito pode ser dito e já se disse sobre meninos e meninas, a leitura e a criação literária. As ideias, exemplos e propostas que aparecem nestas páginas representam apenas um grão de areia em uma praia imensa.

Caros leitores, espero sinceramente que a leitura de *Quem conta um conto...* lhes seja significativa; que provoque reflexões íntimas, sociais e profissionais e gere muitas conversas e debates; e que lhes permita criar laços de amizade entre o lar, a comunidade, o centro de desenvolvimento infantil, a escola e as bibliotecas públicas, para que a vida dos meninos e meninas siga e se fortaleça com a cumplicidade de todos os adultos que os rodeiam.

Luz María Chapela

Capítulo I

Leitura e palavra

*A palavra chega aos ouvidos como
vento que voa, que nem para nem repousa.
E se afasta ligeira se o coração não anda
à espreita, pronto para pegá-la.*

Chrétien de Troyes

A LEITURA

Uma criança com menos de sete anos, como qualquer pessoa, é um ser único e inimitável, com pensamento, olhar, conhecimento, habilidade, visão e gesto próprios. Desde seu nascimento, as crianças constroem e reconstroem sua identidade a partir de pelo menos três fontes principais: os legados linguísticos, ecológicos, científicos, tecnológicos, éticos ou artísticos que recebem de suas famílias e grupos; os diálogos e debates interativos que estabelecem com seu ambiente natural, social, político e cultural; os diálogos e debates interativos que estabelecem, na intimidade, com elas mesmas.

Cada individualidade desponta para o mundo – para compreendê-lo, estar com ele e nele – a partir de seus próprios pontos de vista, saberes, idiomas, ética, prioridades, conjunturas, dúvidas, competências, necessidades e contextos. E, ao despontar para o mundo, o encontra habitado por alteridades, ou seja, por seres distintos que também possuem pontos de vista, saberes, idiomas, ética, prioridades, conjunturas, dúvidas, competências, necessidades e contextos específicos; e é então que se estabelece uma dança "interfecundante" entre uma identidade e muitas alteridades.

Essa relação identidade/alteridade é a chave do mundo humano, pois, para constituir e reconstituir, necessitamos nos expressar ante os outros e ouvir o que eles dizem, para estabelecer diálogos e debates em que todos sejamos coprotagonistas.

Essa é também a chave da leitura, se a entendemos como um processo aberto no qual uma identidade (o leitor) vai em busca das alteridades (pessoas, autores, gêneros, ideias, propostas, personagens ou tempos) com a firme intenção de receber uma surpresa fecundante, de sentir com outro (consentir), de discordar, de encontrar coisas inimaginadas, de se perceber como ser com conhecimento e capacidade para aprender coisas novas.

Nos processos de leitura, um outro (autor, contador de histórias ou menestrel) manifesta seus significados por meio de ensaios, narrativas, canções ou poemas (escritos ou orais); e um leitor (de textos, gestos ou palavras orais) toma esses significados e cria outros novos a partir deles. Por isso, não há "a" leitura (uma só, a correta, a melhor), mas sim muitas leituras, tantas quantas as pessoas (identidades) que leiam um mesmo texto.

E há também as releituras. Diz o ditado que a mesma água nunca passa duas vezes por baixo da mesma ponte. De modo semelhante, ninguém pode ler um texto duas vezes e construir duas vezes os mesmos significados. As releituras sempre produzem novos significados, pois as identidades mudam ao longo do tempo e de acordo com a experiência de cada um.

As crianças são grandes leitores e releitores, especialistas na arte de construir significados próprios e recriá-los. É assim que compreendem o mundo e aprendem a viver nele e com ele: significando e recriando. Quando uma criança lê algo que a desafia ou atrai (nas imagens de um livro, no dia a dia ou nos gestos e palavras dos outros), sai em busca de alguém a quem contar suas descobertas, dúvidas, surpresas, medos e anseios que a leitura lhe despertou. E faz isso para extravasar o que está sentindo, imaginando e pensando, para saber o que sua reação desperta nos outros e para compreender aquilo que extravasa e compartilha com os outros.

> Quando uma criança lê algo que a desafia ou atrai, sai em busca de alguém a quem contar suas dúvidas, suas surpresas.

Vale a pena insistir: a construção de significados próprios promovida pela leitura necessita da presença de outros com perguntas, argumentos, conhecimentos, hipóteses e pontos de vista alternativos. Quando se trata de leitura, os outros são indispensáveis, pois oferecem ao leitor a oportunidade de se olhar em um espelho que, longe de mostrar-lhe o que já sabia, lhe apresenta – recriadas – outras facetas de si mesmo, que antes não conhecia, mas que, sem dúvida, lhe pertencem.

Se a alteridade tem um potencial fecundante, é evidente o papel fundamental do meio na vida das crianças com menos de sete anos. Convertido em matriz nutritiva, o ambiente deve fornecer segurança, suprimentos, incentivos e possibilidades. Se pensarmos de forma específica na gama de leituras que o ambiente proporciona às crianças, teremos de considerar a pluralidade de ideias, visões e modelos de ser, atuar e refletir que as coleções podem conter (expressa por meio de palavras, gestos, regras, situações, relatos, eventos, fotografias, livros e vídeos) e a presença de materiais, tempos e espaços de leitura e sua correspondente conversa literária.

> Precisamos considerar a pluralidade de ideias, visões e modelos de ser que as coleções podem oferecer.

Além disso, é necessário incentivar as crianças a construir habilidades que lhes possibilitem acessar livremente e por conta própria textos (sejam escritos, ilustrados, lidos com gestos ou palavras orais); construir e expressar suas dúvidas, medos, necessidades, capacidades, histórias e pontos de vista; escutar os outros e incluir o que dizem em seus processos de construção de pensamento; relacionar o que dizem vários autores e relatos e, na fonte desses vínculos, gerar hipóteses, propostas e próprias perguntas; refletir de maneira introspectiva e intimista; organizar reuniões e participar de encontros que outros organizem; imaginar e contar histórias, ensaios e poemas próprios.

O ambiente leitor precisa ser seguro, capacitador, possibilitador e provocador, e contar com elementos que propiciem, ao mesmo tempo, a visita analítica aos legados históricos, um olhar aberto ao ambiente e a exploração criativa de si mesmo.

Além de pessoas eloquentes que falem com as crianças, lhes contem anedotas e histórias, que as escutem com interesse e entabulem diálogo com elas; além de um espaço protetor, arrumado e aconchegante; além de períodos destinados à narração, argumentação, explicação e diálogo, precisamos oferecer, aos menores de sete anos, bibliotecas (escolares, familiares e comunitárias), com livros, fotografias, quebra-cabeças, labirintos, mapas, música, canções e materiais gravados em vídeo.

Incentivar a leitura é oferecer ao bebê, em seu berço, momentos de brincadeira com uma ampla gama de diferentes móbiles (cada um com grupos de imagens significativas com diferentes conjuntos de pássaros, cães, flores ou ferramentas) que permanecem alguns dias sobre o berço e depois são substituídos. É montar uma coleção de quebra-cabeças de poucas peças e pedir às crianças de dois anos que escolham qual querem montar naquele dia; é propiciar às crianças de três anos que descrevam, em voz alta e conforme seus próprios significados, a vida diária de um ninho de andorinhas (sem que ninguém as corrija ou instrua); é escrever um conto que as crianças vão criando e ditando e que mais tarde ilustrarão; é convidar as que têm cinco anos a ler em voz alta, por sua conta e risco, o que lhes dizem as imagens de um livro; é ajudar as que já completaram seis anos a montar em três dimensões o mecanismo de um poço artesiano que aparece em um dos livros de sua coleção.

Incentivar a leitura é anunciar às crianças, desde muito cedo, que o mundo está aí para ser lido (ouvido, debatido e significado); que elas são grandes leitoras e que podem oferecer ao mundo suas propostas, opiniões, ideias e emoções, como autores.

Não importa de que idade estamos falando: o exercício de promoção da leitura (com sua criação literária correspondente) deverá se dar em torno da provocação, do convite, da oferta, do estímulo, do acompanhamento, da imaginação, da inclusão, da pluralidade de linguagens, da palavra, da pergunta, do argumento, da reflexão, da opção, do acesso, da diversidade, da conversa, do jogo, da heurística, do pensamento crítico, do prazer – intelectual, emocional e estético –, da autonomia e da liberdade criativa.

> **Promover a leitura** é anunciar às crianças que o mundo está aí para ser lido e que elas podem oferecer ao mundo suas ideias e sentimentos.

A PALAVRA

A palavra tem vida: sabe, imagina, copia, avisa, recorda, sugere, cuida, leva, traz, diz ou contém.

Cada palavra é uma construção histórica. É uma elaboração que as pessoas e os grupos fazem no tempo, em um lugar específico, com um sentido determinado e, além disso, aberta a novos e múltiplos significados.

As pessoas, os grupos, as empresas, todos herdamos a palavra. Nós a herdamos com a tarefa de mantê-la viva, cuidar dela, renová-la, recriá-la e fortalecê-la. Para isso, precisamos colocá-la em cena, por meio de discursos, narrativas, cantos, mantras, elegias, perguntas e poemas.

A palavra é ferramenta: com ela nomeamos ao mundo e a nós mesmos; nos pensamos de maneira reflexiva e nos relacionamos com os outros; organizamos nosso universo, o enchemos de significados e lhe damos sentidos; estabelecemos nossas necessidades, discrepâncias, memórias, experiências e visões; e escutamos o que os outros dizem.

A palavra é lar: nos oferece espaços para viver, descansar, sentir e sonhar. É caixa que protege, mantém e transporta o que os grupos humanos têm sentido, vivido, sabido, desejado, temido, imaginado, preferido e rejeitado no decorrer dos séculos.

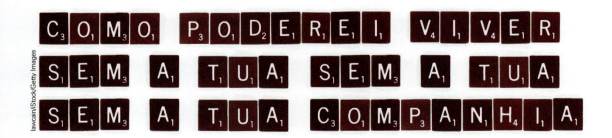

As palavras permitem recordar e convocar o ausente.

A palavra é cultura: nela vivem – ativos e em relação vinculada e viva – espécie, pessoa, sociedade, natureza, ciência, arte, tecnologia, gestos, olhares e visões.

A palavra extrapola e por isso, porque extrapola, tem a capacidade de colocar diante de nossos olhos (diante de nossa mente, pele e coração) coisas que não estão aí: nos permite convocar o ausente. Dizemos *mar* e imediatamente nos enchemos de água, sal, distância e força. A palavra nos permite conservar vivas em nossa consciência aquelas coisas que não estão, e falar com elas.

Graças à palavra, podemos tirar nosso conhecimento de nós mesmos para contemplá-lo, analisá-lo, compreendê-lo e fazê-lo mais nosso. Nisso consiste a metacognição, em refletir nos perguntando: o que eu sei?, como aprendi o que sei?, como se relaciona o que aprendi com o que já sabia?, para que serve saber o que sei?, como saber o que sei me transforma?, de que novas maneiras posso me relacionar com o mundo graças ao que sei? A palavra nos permite saber que sabemos, e anunciá-lo.

A palavra é produto: se cria e recria constantemente pela ação humana. É um produto da vida; da imaginação e da realidade; do desejo, das necessidades e dos princípios dos grupos humanos que a geram e reconfiguram. A palavra nos permite estabelecer e anunciar nossas prioridades.

A palavra, guiada e organizada pela gramática, oferece uma estrutura social, cultural, econômica e ecológica. Também oferece estrutura política, pois não é o mesmo dizer *ensinar* que *propiciar*, *ajudar* que *apoiar*, *obedecer* que *escolher*, *acusar* que *pedir explicações*, *memorizar* que *construir pensamento*, *integrar* que *incluir* ou *recapitular* que *recriar*.

Para existir, a palavra precisa ser dita com outros e diante de outros (oral ou gestualmente ou por escrito), porque a palavra aparece e toma formas, texturas e sentido apenas quando é lida; ou seja, quando é significada.

Quando promovemos a leitura e a criação original, nossa matéria-prima, nosso universo, nosso produto e nosso horizonte é a palavra.

> A palavra, guiada e organizada pela gramática, oferece uma estrutura social, cultural, econômica, ecológica e política.

CAPÍTULO II

As crianças menores de 18 meses

*O pássaro no ramo
e, de repente, não estava.
A árvore em silêncio
mas, de repente,
o vento.*

Francisco García Lorca

OS BEBÊS COMO LEITORES E AUTORES

Pouco antes de nascer, os bebês ouvem e sentem o batimento cardíaco de suas mães e o interpretam como pressa, inquietação, calma, raiva, alegria, paz ou agitação. Ouvem as vozes de seus entes queridos, as leem, as significam e se alegram ou sentem medo. Uma vez fora do corpo da mãe, leem avidamente o ruído e o silêncio, o frio e o calor ou a distância que existe entre eles e o objeto mais próximo (que, certamente, em comparação com o lugar quentinho de onde vêm, deve lhes parecer uma distância imensa, qualquer que seja).

Para os bebês, a luz, o ambiente múltiplo e aberto, as presenças, as vozes, o alimento ou as mudanças de temperatura são coisas novas e surpreendentes.

Também a família que recebe o bebê se espanta. Um ser novo e vivo! Com tons, texturas e nomes próprios. Uma criança que, diante do olhar enfeitiçado dos que a rodeiam, aprende dia a dia as coisas dos seres humanos: o medo, a fome, o calor, a ternura, o frio, a proximidade, o ato, o desejo e a palavra.

Para os jovens e adultos que cercam as crianças (em centros de desenvolvimento infantil e nos lares), os primeiros meses são cheios de alegria, admiração e gratidão, e os bebês sabem disso: entendem que são amigáveis e surpreendentes, e sentem vontade de viver e crescer, de ser e pertencer.

Plenos de força e desejo, os bebês, como grandes leitores, observam ruídos, gestos que se repetem, ritmos, temperaturas, silêncios e ressonâncias, de modo específico e seletivo. E, como grandes autores, respondem a tudo com suas próprias criações, perguntas e propostas: choram, gritam, balbuciam, movem braços e pernas simultaneamente; ou então, se estão cansados, esfregam os olhos, como se murmurassem: "Dorme, dorme".

Quando, para sua sorte, encontram respostas amáveis em seu ambiente, entendem que a vida é relação e diálogo, e começam seu caminho, o caminho da autoria, propondo gritos e esperando respostas, exibindo sorrisos e encontrando palavras, fazendo solicitações e, em cenários ideais, recebendo dádivas e benefícios.

Avançam pelo caminho da leitura dando significado aos gestos de sua mãe, aos braços de seu pai, ao balbuciar e ao cantar dos avós e à ousadia dos irmãos; aos sons da água e à gradual escuridão da noite, ao sabor e ao balanço da rede.

E são leitores/autores, por exemplo, quando conseguem dar significados próprios à profundidade, temperatura e textura da água da banheira para – depois de uma leitura atenta – decidir que comportamento terão, que mensagens produzirão e que papel desempenharão da próxima vez que mergulharem. É uma leitura cuidadosa que dá lugar a uma autoria criativa e libertadora.

Desde os primeiros meses de vida, é importante refletir sobre as capacidades autorais das crianças. O leque de expressões e mensagens que podem construir é imenso.

24 QUEM CONTA UM CONTO... OS MENORES DE SETE ANOS COMO LEITORES E AUTORES

Banho é bom

lava lava lava
lava a testa,
a bochecha,
lava o queixo,
lava a coxa
e lava até...

meu pé,
meu querido pé,

que me aguenta
o dia inteiro...

Hélio Ziskind[1]

AS PEQUENAS COISAS

Do ponto de vista literário, os primeiros seis anos de vida são um momento mágico e de valor inestimável. Quando se pensa em bebês como seres capaz de ler e produzir mensagens, surgem na imaginação inúmeras formas de propor a eles leituras e de ler suas mensagens. Podemos, por exemplo, tocar com firmeza e suavidade seus braços, pernas, costas, rosto e cabelo, e chamar cada uma das partes pelo nome. Assim, as crianças tornam-se o tema de uma conversa compartilhada.

Olha, Sofia

Sofia, olha teus pés: têm um dedão, um dedo médio e olha este pequenino! Queria se esconder, mas eu o achei: aqui está, ao lado dos outros dedos, o travesso!

Sofia, teu joelho é gordinho e pode ser dobrado; se o dobrares, vê, teu pé desaparece! Vais ver como vai te servir esse teu joelho quando quiseres engatinhar.

Vê tuas mãos como se abrem e se fecham. Como tocam tuas bochechas e acariciam teu rosto quando as movo. Sofia, fecha os olhos e ouve minhas palavras. Oi, oi, oi, que carinha linda! Deixa-me te dar um beijo, com cuidado.

Quando falamos com o bebê, ele não entende o que significa *dedo*, *joelho*, *rosto* ou *mão* (muito menos o significado de *linda* ou

---

[1] Disponível em: <www.helioziskind.com.br>. Acesso em: 30 maio 2015.

> Ao trabalhar com os bebês, precisamos explicitar nossa admiração por sua capacidade criativa de resistir à incerteza e de assumir riscos.

desaparece); no entanto, é capaz de ouvir, sentir e dar significados próprios às mensagens enquanto diz pensando em nós: "Não estou sozinho, sou parte deles e eles são parte de mim. Sou fonte de felicidade, tenho nome próprio e tenho movimento. Eles falam sobre mim e conversam comigo. Sinto-me feliz".

A VÉSPERA

Paul Valéry fala do poema como uma hesitação prolongada entre som e significado. Os bebês vivem no centro dessa hesitação: são poetas. Em meio à incerteza constroem hipóteses e querem experimentá-las. Escutam sons, sentem vaivéns, medem ritmos, arriscam sentidos, adivinham futuros e, como grandes criadores, geram e dão à luz significados.

A epistemologia contemporânea nos pede atenção ao elevado potencial que se encontra no aberto, no que ainda não está definido, no que se intui mas ainda não se sabe. O mundo do aberto é um mundo que convida as inteligências múltiplas a pensar, imaginar e propor, a se aventurar em busca de novas possibilidades. As crianças com menos de sete anos vivem seus dias em um vaivém constante que as leva do conhecido para o ainda desconhecido, do nomeado ao que ainda não tem nome.

Uma das tarefas mais difíceis dos bebês é construir nomes para o que os rodeia e lhes dar significado. Esse processo supõe momentos de suspense, reflexão e análise, formulação de hipóteses, aposta e aventura. Para os bebês, nomear com sua própria língua as coisas ao seu redor representa um risco.

Para os bebês, a incerteza é familiar e não assustadora. A prova está na fascinação que expressam quando alguém muito querido brinca com eles de "Achou!", cobrindo e descobrindo o rosto. Quem observa um bebê e um adulto brincando dessa forma pode verificar a ansiedade da criança com o desaparecimento do ente querido e a alegria imensa manifestada quando ele reaparece. O bebê provavelmente acha que valeu a pena o risco pelo prazer do reencontro. Os instantes que transcorrem entre o desaparecimento e o reaparecimento são instantes de leitura nos quais a criança – quando dá significado à ausência a partir de sua experiência – lê um texto que outro alguém escreve.

Para trabalhar com os bebês precisamos explicitar nossa admiração por sua capacidade de resistir à incerteza e assumir riscos; e refletir sobre a beleza poética subjacente à véspera.

Jogo de véspera

Era uma vez uma bola vermelha coberta por uma enorme toalha verde. A pobre bola desapareceu. Onde está a bola? Então, a mãe de Marcinha (em vez de Marcinha, se diz o nome do bebê) foi procurá-la. Procurou atrás do armário, mas não estava lá. Procurou debaixo da cama, mas não estava lá. Procurou sob os pés de Marcinha, mas não estava lá. Então, olhou a toalha verde e suspeitou dela, pois estava muito quieta, muito calada, como se escondesse algo. Mamãe levantou a toalha com um movimento decidido e ali estava escondida, ali estava a bola vermelha: debaixo da toalha! (Seguindo esta história como exemplo, esconda um objeto enquanto o bebê observa. Depois, procure o que escondeu enquanto narra cada uma de suas ações, passo a passo.)

O BEBÊ COMO PROTAGONISTA

Promoveremos uma leitura melhor se nós mesmos entramos no mundo da autoria e da narração, do conto e da poesia. Porque o que acontece entre um adulto respeitoso, espantado e grato e uma criança com menos de 18 meses é sempre algo sem precedentes em que ambos imaginam, perguntam, olham, criam e recriam. Os bebês são autores naturais de suas próprias vidas, de seus próprios conhecimentos, discursos, canções e questionamentos; e podem nos levar pela mão para nos ensinar a criar com eles.

Os bebês como parte de uma história

Para começar, podemos construir histórias em que os bebês sejam os protagonistas; criações literárias que falem de seus rostos, risos, lágrimas e construções graduais; histórias que digam os nomes do bebê e seus brinquedos, que falem do bebê e suas roupas, de suas aventuras e das pessoas próximas a ele.

Com essas histórias podemos atribuir aos bebês ideias, emoções, necessidades e desejos; podemos projetá-los e fazê-los sentir que desempenham um papel ativo em suas vidas e nas dos outros.

A confiança que tivermos nos bebês, o direito que lhes outorgarmos de viver sua própria vida e a intenção que lhes atribuirmos durante os primeiros meses de vida os encherão de poder.

Os especialistas em desenvolvimento infantil garantem que, quando perguntam a uma mãe: "O que seu bebê tem, por que ele está chorando?", e ela responde com muita segurança (embora não tenha certeza): "Ele quer que o cubra", "Está assustado por causa do barulho", "Quer comer" ou "Quer ser ninado porque está com sono e não consegue dormir", está fortalecendo o bebê ao reconhecê-lo

Uma das tarefas mais árduas dos bebês é construir significados para as coisas que os rodeiam e nomeá-las.

como sujeito com necessidades, prioridades, personalidade e desejos próprios. O bebê que escuta os mais velhos explicarem aos outros seu desejo sente que é válido projetar-se na vida com uma proposta própria e, com base nisso, aprende a entrar na vida com um papel próprio. Esses especialistas garantem que, quando um bebê chora e sua mãe diz: "Eu não sei o que ele tem" ou "Eu não sei o que acontece", ela pode prejudicar a capacidade de a criança se ver como protagonista de sua própria narrativa, de sua própria vida. Não importa se o que o adulto diz coincide com o que o bebê sente (frequentemente sim): o importante é que o bebê ouça alguém falando por ele e diga aos outros que ele tem palavra, discurso, desejos e projetos próprios.

Consciência social

Nos primeiros meses de vida, quando o bebê ouve seu nome muitas vezes, quando sente que o mundo o questiona e lhe conta histórias nas quais ele – com seu corpo, seus gestos, seus sons – é o protagonista, nasce o germe do que será a consciência social, a consciência de pertencer a um grupo humano ao qual pode dar e do qual pode receber; a segurança sensorial e linguística de não estar sozinho e de que sua felicidade afeta a felicidade dos outros, do mesmo modo que a felicidade dos outros afeta a sua. É uma abordagem inicial para a natureza e a condição humana que se expressa na relação, na rede, no diálogo.

Dedo mindinho
Seu vizinho
Pai-de-todos
Fura-bolo
Mata-piolho!

(Domínio público)

As crianças se reconhecem como protagonistas de suas próprias vidas quando montamos para elas álbuns com suas fotografias.

Cláudia nos avisa que está com fome.

Nesse dia, Cláudia estava com pressa para ir passear.

Cláudia está no ponto de ônibus, numa tarde de maio.

Cláudia posa no estúdio de um fotógrafo profissional.

As fotografias de bebês

Outra forma de promover o papel de protagonista dos bebês é montar álbuns com fotos deles em que, por exemplo, estejam sorrindo, cumprimentando, se escondendo, comendo, lendo ou cantando.

Para essas fotografias se tornarem um álbum, além de organizá-las, é conveniente incluir algumas frases curtas, escritas com letra clara e precisa. Essas frases podem descrever o que o bebê está fazendo e as circunstâncias em que as fotografias foram tiradas: "Marta vendo seu avô dando tchau", "Carlos alegremente surpreso porque apagou a vela". As fotografias podem estar acompanhadas por versos doces, alegres e lúdicos. Não é necessário que sejam versos escritos especialmente para um público infantil – se pode lançar mão de qualquer poema que, com sonoridade e cadência, tenha algo que ver com o que a criança está fazendo na foto. Por exemplo, se o bebê está na banheira, podem-se usar os versos da cantiga popular: "Quem me ensinou a nadar/ Quem me ensinou a nadar/ Foi, foi, marinheiro,/ Foi os peixinhos do mar". Ou, se na foto o bebê aparece brincando com um leãozinho de pelúcia, os versos podem dizer: "Leão! Leão! Leão!/ És o rei da criação", como na canção de Vinicius de Moraes. O objetivo é que as crianças vejam a si mesmas saudáveis e bonitas, causadoras de orgulho e alegria, fazendo que a voz humana discorra diante delas como um rio, em um diálogo com sua imagem. Ao selecionar as imagens e relacioná-las com os textos, os adultos se tornam coautores dos referidos livros.

PRIMEIRAS CRIAÇÕES

A autonomia, como a liberdade, supõe uma mente criativa que imagina cenários de desejo e propõe estratégias para se aproximar dessas cenas imaginadas.

O pensamento crítico e as ideias próprias favorecem a liberdade, ou seja, a capacidade de eleger. Também propiciam a autoria, que é a capacidade de propor coisas inéditas por meio de vários idiomas; a capacidade de estabelecer, provocar, convocar, fazer algo novo acontecer. Em uma sociedade ideal, todos teríamos de ser autores de nossos projetos e viver diariamente em diálogo aberto e inclusivo com outros autores.

É importante refletir sobre as habilidades autorais dos bebês desde suas primeiras semanas de vida, para fortalecê-las e incentivá-las. A gama de conteúdos que um bebê pode expressar como autor é ampla e plural: dor, fome, sono, frio, calor, umidade excessiva, necessidade de asseio, medo diante de sinais desconhecidos que recebe do ambiente (por exemplo, situações de estresse ou emergências familiares); incapacidade de interpretar a presença de um adulto desconhecido e incorporá-lo ao catálogo de pessoas seguras e confiáveis; vontade de ver e cumprimentar uma pessoa querida, cuja voz é ouvida, mas a quem não se pode ver; desconforto pelas dobras e pelos objetos que há no berço; paz e sossego pelo estômago cheio e a temperatura agradável; desejo de alcançar algo próximo; o calor produzido pelo contato de outra pele; ansiedade pelas indicações sonoras de que alguém prepara sua comida; desejo de sair do berço e se aproximar dos outros; desconforto pela presença de mosquitos; mal-estar causado por uma febre que aumenta; alegria ao ouvir a voz de um parente que volta da rua; vontade de brincar e balbuciar um diálogo com um adulto próximo; saudade da mãe, e muitas outras coisas.

> O pensamento crítico e as ideias próprias favorecem a liberdade, ou seja, a capacidade de eleger e escolher.

Para incentivar a formação do bebê como autor, como criador e provocador de respostas, reações e emoções, é importante que, em seu ambiente, haja muitos leitores que recebam e ressignifiquem criativamente o que o bebê expressa com gestos, músicas, sussurros ou palavras.

A identidade criativa está se formando quando os bebês se sentem, se desejam e se imaginam belos, capazes, amorosos, amados, satisfatórios, satisfeitos, e quando conseguem muitos interlocutores. Também quando ouvem o seu nome dito com respeito e frequência; quando recebem carinho por meio de gestos, músicas, cuidados e palavras; quando são os protagonistas de algumas histórias; quando constroem a certeza de que os outros confiam em suas habilidades e desejam e imaginam para eles cenários de alegria e satisfação; quando sabem, por experiência própria e alheia, que é certo desejar, sentir, pedir, imaginar e viver entre os outros e com os outros.

Banho é bom

lava lava lava
lava a testa,
a bochecha,
lava o queixo,
lava a coxa
e lava até...

Hélio Ziskind

A DUAS VOZES

As músicas que nomeiam as partes do corpo, as rimas que sugerem o uso de palmas, a execução rítmica em cena dos personagens que aparecem na página dupla do álbum ou o dueto podem dar lugar a uma produção a duas vozes.

Quando os adultos dizem aos bebês em um ritmo calmo e ritual: "Uni duni tê/ Salamê minguê/ Um sorvete colorê/ O escolhido foi você" ou quando o bebê e o adulto apontam ao mesmo tempo "janela, janelinha, porta, campainha", estão apresentando, em conjunto, uma obra cênica.

Uma história a duas vozes

Prepare cartões com imagens de um pássaro, um cão e uma vaca. Mostre-os ao bebê para que, vendo-os, faça sons como os desses animais. Ensaiem juntos, perto um do outro e de forma lúdica. Quando tiverem "ensaiado" bem essa cena básica, convide outros membros da família para desfrutarem de um dueto.

Comece a história dizendo: "João (em vez de João, diga o nome do bebê) e eu ouvimos o canto de um pássaro". Em seguida, mostre ao bebê o cartão com o pássaro para que ele reproduza o som. Continue com: "Saímos de casa e vimos um cachorro". Mostre ao bebê o cartão com o cachorro para que ele imite o latido. "João, o pássaro, o cão e eu fomos visitar a vaca e ela nos disse...". Mostre o cartão correspondente para que o bebê imite o mugido, e finalize dizendo: "Entrou por uma porta, saiu pela outra, quem quiser que conte outra".

LADAINHAS

Nesse processo complexo e cheio de surpresas chega um dia em que as crianças descobrem os nomes: percebem que as palavras lhes permitem evocar as coisas e chamá-las; que graças aos nomes das coisas é mais fácil compreender o mundo, ordená-lo e falar sobre ele; e que os nomes são compartilhados com os outros. Assim, nasce nas crianças a paixão pelos nomes, especialmente quando são falados com ritmo, como uma ladainha, um após o outro.

Corpo humano

Cabeça, ombros, perna e pé
Perna e pé
Cabeça, ombros, perna e pé
Perna e pé
Olhos, orelhas, boca e nariz
Todo mundo é feliz
Bem feliz!

(Domínio público)

Hoje é domingo

Hoje é domingo
Pede cachimbo
O cachimbo é de barro
Bate no jarro
O jarro é de ouro
Bate no touro
O touro é valente
Bate na gente
A gente é fraco
Cai no buraco
O buraco é fundo
Acabou-se o mundo.

(Domínio público)

> Graças aos nomes das coisas, as crianças entendem melhor o mundo em que vivem e podem falar sobre ele com os outros.

Os nomes das coisas: um por um

Reúna um grupo de objetos familiares ao bebê. Alinhe-os e nomeie-os enquanto os indica um a um. Repasse três ou quatro vezes a lista (sempre na mesma ordem) e peça ao bebê que dê nome aos objetos ao mesmo tempo que você.

Não corrija nem tente imitar a pronúncia do bebê. Nomeie os objetos com sua melhor pronúncia e deixe que o bebê os nomeie como puder. As correções são desanimadoras, e as crianças aprenderão a pronunciar corretamente quando estiverem prontas para isso.

Agora, troque um par de objetos de lugar e nomeie-os de novo, enfatizando as mudanças feitas. Dessa vez, deixe a criança indicar os objetos.

Faça outra alteração e peça à criança que, sem o seu auxílio, nomeie os objetos na ordem em que aparecem na linha. Se ela quiser e pedir a você, nomeie-os também, mas retarde um pouco suas respostas, para que seja a criança a encontrar, na memória dela, o nome desejado.

Continue assim ao longo da semana, acrescentando alguns objetos novos, retirando outros e aumentando, gradualmente, a quantidade de itens na lista.

Com o passar do tempo, a própria criança escolherá seus objetos e formará suas próprias fileiras. Será ela a convidar você a nomear os objetos, seguindo o ritmo que ela vai estabelecer.

Até perder o fôlego

As crianças gostam muito das ladainhas que fazem perder o fôlego. Elas podem ser elaboradas com nomes de animais, plantas ou objetos que aparecem nas páginas de um livro ilustrado. Primeiro, o adulto dará nomes às coisas, indicando-as uma por uma (é importante repetir a sequência três ou quatro vezes, sempre na mesma ordem). Depois, a criança dirá o nome dos objetos à medida que o adulto os for indicando. O grau de dificuldade aumentará quando a criança indicar e der nome, sozinha, à lista completa, exibindo suas habilidades para um adulto que, com certeza, a estará contemplando extasiado.

Quando o bebê tiver compreendido o exercício e repetir os nomes dos objetos com facilidade e na ordem em que aparecem com base em uma sequência dada, poderá pular da última coisa nomeada para a primeira da fila, iniciando assim uma nova rodada, em um exercício circular do tipo "eterno retorno".

Também se pode fazer a indicação em vaivém: a criança dá nome a todos os objetos de uma fila e, ao terminar, começa a ler no sentido contrário, dando nome à penúltima coisa até chegar à primeira. De lá, pula para a segunda e assim por diante, em um vaivém constante que dura até que ela decida quando parar.

Do início ao fim

Terra ➡ formiga ➡ caule ➡ flor ➡ borboleta ➡ vento ➡ árvore ➡ ninho ➡ pássaro ➡ montanha ➡ nuvem ➡ Sol.

O eterno retorno

Terra ➡ formiga ➡ caule ➡ flor ➡ borboleta ➡ vento ➡ árvore ➡ ninho ➡ pássaro ➡ montanha ➡ nuvem ➡ Sol ➡ terra ➡ formiga ➡ caule ➡ flor ➡ borboleta […]

Vaivém

Terra ⇄ formiga ⇄ caule ⇄ flor ⇄ borboleta ⇄ vento ⇄ árvore ⇄ ninho ⇄ pássaro ⇄ montanha ⇄ nuvem ⇄ Sol ⇄ nuvem ⇄ montanha ⇄ pássaro ⇄ ninho ⇄ árvore ⇄ vento ⇄ borboleta ⇄ flor ⇄ caule ⇄ formiga ⇄ terra ⇄ formiga ⇄ caule ⇄ flor […]

O infinito

As ladainhas convidam as crianças a nomear o mundo com voz e ritmo próprios. Quando as crianças observam como, no contexto de um jogo, quem está com a vez fica sem respiração ao tentar enumerar o inumerável de um fôlego só ("rosas, margaridas, jacintos, açucenas, cravos, violetas, flores de laranjeira, amores-perfeitos, sempre-vivas, orquídeas, astromélias..."), entendem que o mundo é infinito e que tudo bem não compreendê-lo todo, ainda que seja divertido tentar.

Além de estimular o pensamento autoral, as ladainhas estimulam o pensamento lógico e promovem o enriquecimento do vocabulário.

Cadê o toucinho
Que estava aqui?
O gato comeu.
Cadê o gato?
Fugiu pro mato.
Cadê o mato?
O fogo queimou.
Cadê o fogo?
A água apagou.
Cadê a água?
O boi bebeu.

Cadê o boi?
Foi amassar o trigo.
Cadê o trigo?
Foi fazer pão.
Cadê o pão.
O padre pegou.
Cadê o padre?
Foi rezar missa.
Cadê a missa?
Já se acabou.

(Domínio público)

COLEÇÕES

Cada coleção é um mundo específico e distinto de outros mundos. Nas coleções vivem de forma latente universos complexos, personagens diversos, emoções prontas para saltar assim que os leitores as descubram, modelos a superar, situações a almejar, infinidade de palavras e diálogos surpreendentes.

O mundo das coleções é o mundo da alteridade, reflexão, narração, pergunta, diálogo, debate e amplos horizontes.

Assim, escolher os títulos que formarão (e tornarão a formar, ao longo do tempo) uma coleção para crianças com menos de 18 meses é um desafio e uma arte. Cada professor, cada mãe ou pai de família, cada irmão mais velho, tio ou avô precisa observar de perto as crianças com menos de 18 meses que têm ao seu lado, antes de sair em busca de novos livros. São os bebês que estabelecem a regra com seus gestos, desejos, expressões de alegria, habilidades, limitações, pedidos, palavras e olhares.

Devem-se ter em mente as crianças, para sair de uma livraria com relativo sucesso. Assim também se decidem os títulos que cada adulto vai escrever, ilustrar e encadernar para que a coleção conte com títulos feitos em casa com temas próximos e específicos – por exemplo, o passeio de barco no domingo, as árvores derrubadas pela última tempestade, os brinquedos favoritos, os membros da família e os vizinhos, a despedida do avô ou as caras e bocas do bebê quando come. Caso contrário, se a coleção se limitar a títulos comprados, esses assuntos e histórias mais próximos não estarão presentes nas coleções das crianças. Com esses títulos nas coleções criadas pelos adultos, as crianças compreendem que todos podemos ser autores.

> Nas coleções vivem, de forma latente, personagens, emoções, modelos de ser e atuar, palavras e diálogos sugestivos.

Em coleções, o propósito é oferecer às crianças uma pluralidade de ideias, estímulos, suportes, modelos, saberes, histórias, ânimos, hipóteses, perguntas, diálogos ou sentimentos que resultem significativos e lhes permitam ordenar seu mundo e orientar-se nele com protagonismo e rumo próprio.

Cada um escolhe o seu

Os bebês expressam gostos próprios desde muito cedo. Portanto, é conveniente deixar que escolham entre dois ou três livros, para propiciar que construam e reafirmem suas preferências e as expressem ao escolher uns livros e não outros.

Os bebês são exigentes porque sabem o que querem. Algumas vezes pedem ou tiram dos cestos ou das estantes o mesmo livro por dias e semanas. É importante deixar que repitam a seu gosto; no entanto, também é conveniente oferecer a eles livros novos, procurando conjunturas favoráveis para propor sem impor.

Critérios para escolher novos livros para as coleções

Em geral, são ideais os livros que falam de crianças e de coisas próximas a elas. Igualmente importantes são os livros que favorecem o diálogo, as relações, a construção de argumentos próprios, a concepção de perguntas, o pedido de explicações ou a representação do que foi lido por meio de maquetes, mapas, colagens, diálogos e peças para fantoches de mão.

Também são ideais os livros que provocam constelações; ou seja, aqueles que estendem numerosos braços em direção aos outros livros da coleção e convidam os leitores a fazer suas próprias ligações, colocando os livros no chão e explicando as razões pelas quais, em sua opinião, um livro se relaciona com outros.

O mais importante é lembrar que não oferecemos livros para crianças para ensinar a elas, mas para propiciar sua surpresa, seu prazer e entusiasmo; despertar nelas reflexões e significações próprias; colocá-las em contato simbólico com o mundo que as rodeia

> Quanto às coleções, o propósito é oferecer às crianças pluralidade de ideias, estímulos, suportes...

(natureza, sociedade, ciência, tecnologia, língua, linguagens); convidá-las a entrar no mundo da arte e da literatura na qualidade de leitores e autores; despertar seu apetite por alteridade e fortalecer suas individualidades.

A ordem das coleções

Idealmente, as coleções para crianças com menos de 18 meses não são classificadas de maneira formal. Os livros são arrumados em estantes, caixas ou cestos por temas, tamanhos, cores ou padrões de uso. Não importa como sejam classificados: as crianças sempre terão o direito de pegar os livros sem precisar de autorização de terceiros e por vontade própria, e o direito de devolvê-los às estantes, caixas ou cestos sem ordem fixa (mas sempre deverão guardá-los).

Quando a coleção é grande ou está em uma biblioteca pública, é melhor que os livros tenham cestos, caixas e estantes fixos para que as crianças possam encontrar por sua própria conta aqueles volumes que já conhecem e dos quais gostam, assim como aqueles que querem e dos quais precisam.

Muitas vezes vemos que, quando as coleções têm uma ordem fixa, algumas crianças devolvem os livros exatamente ao lugar de onde os retiraram. No entanto, isso não ocorre em todos os casos. São os adultos que devem guardar todos e cada um dos livros, depois que as crianças os tiverem colocado nas estantes, caixas e cestos.

Livros de pano

Assim que os bebês conseguem se sentar com o apoio de almofadas é hora de apresentar a eles os livros de pano, com ilustrações bordadas especialmente para eles pelos adultos próximos.

Ao conceber esses livros é importante não apresentar um único sujeito por página, mas sim cenas nas quais pelo menos dois sujeitos se relacionem. Assim, os bebês terão histórias nas mãos.

Quando os livros são de pano e trazem ilustrações bordadas, os bebês podem colocá-los na boca, usá-los como almofadas, escondê-los debaixo das cobertas e folheá-los (também dar uma passada de olhos neles). Quando necessário, os livros de pano podem ser lavados e passados a ferro para recuperar sua beleza e suas condições iniciais de higiene.

Os jovens e adultos próximos podem contribuir com suas próprias criações bordadas. Assim, os primeiros autores que as crianças lerão serão a mãe, o pai, o irmão mais velho, alguma vizinha ou seus avós.

Extensões do livro de pano

Emoldure e pendure perto do berço a reprodução de alguma imagem que apareça nos livros de pano. Ao fazer isso, estará dizendo à criança: "Ali fora no mundo há coisas agradáveis que esperam por você". Ao ver a imagem conhecida, o bebê sentirá vontade de estender a mão e se aventurar no espaço com intenção, sentido e direito próprios. Esse gesto indicará um interesse pela vida e vai marcar uma das primeiras tentativas leitoras autônomas do bebê como pessoa: com personalidade, proposta e desejo próprios.

> Quando os adultos oferecem às crianças livros bordados, os primeiros autores que os bebês leem são membros de sua família.

LIVROS-ÁLBUM

Além dos livros de pano, os livros-álbum (com poucas palavras, grandes ilustrações, histórias agradáveis e ambientes amigáveis) são indispensáveis nas coleções, entre outros motivos, porque convidam as crianças a apontar, nomear e perguntar; a seguir linearmente uma história e a regressar ao passado ao voltar uma página; a retardar o passar de uma folha a outra para desfrutar da antecipação; a se aventurar no futuro ao avançar as páginas de três em três; a convidar outras pessoas a entrar com elas nas páginas do álbum, já que são grandes e podem acolher dois ou três leitores ao mesmo tempo.

Os livros-álbum são projetados para serem lidos em parceria e de forma interativa. Nas primeiras leituras, a dinâmica básica seria esta: o livro oferece uma gama de ideias, a criança pega algumas dessas ideias e se relaciona com elas, expressando emoções, fazendo perguntas e iniciando diálogos (guturais, gestuais ou orais). O adulto, por sua vez, reage, conforme o caso, como espelho ou como parceiro.

Nas primeiras leituras do mesmo álbum, o adulto enfatiza mais as imagens que as palavras e abre espaços de discussão horizontal para que a criança aponte, grite, esconda o rosto ou pronuncie palavras para expressar o que sente, o que entende e o que não compreende. Por exemplo, as crianças podem pedir ao adulto que feche o livro um momento enquanto se recobram de alguma emoção, ou que aponte os personagens e objetos das páginas, repetindo seus nomes.

Algumas vezes, os bebês brincam que sabem ler e, enquanto passam as páginas com pompa e circunstância, emitem sons e fazem gestos que imitam os adultos. Isso deixa os bebês muito felizes.

Outras vezes, as crianças se recusam a virar uma página e decidem ficar contemplando-a. Assim, o adulto pode contemplá-la também, em silêncio, atento ao ritmo da criança, que, como boa leitora, muito provavelmente estará dialogando com o texto para construir significados.

Os livros-álbum convidam as crianças a indicar, nomear, perguntar e expressar emoções.

Os livros-álbum são concebidos para serem lidos em parceria e de maneira interativa.

Para contar as histórias que aparecem nos livros, o leitor adulto usará sua criatividade a fim de fazer a criança se apaixonar pela história e mostrar que as páginas do livro são habitadas por personagens com personalidade própria, que podem ser, por exemplo, calados ou barulhentos, felizes ou irritados, altos ou baixos, carpinteiros ou músicos, heróis ou vilões.

É comum que as crianças peçam ao adulto que lhes repita os nomes dos personagens e lhes diga novamente, por exemplo: "É gra-aaaande", "Está com raiva" ou "Está com fome". Ouvir de novo o que já sabem lhes dá segurança e as deixa felizes.

É melhor se o adulto conhece de antemão e a fundo o livro novo que apresenta. Agregará um bônus ao processo se ele mesmo desfrutar da leitura, pois, ao sentir a alegria do adulto, a criança comprova que os livros podem ser fonte de prazer.

Em outra ocasião, quando os bebês estão começando a falar, o adulto pode pedir-lhes que construam suas próprias versões da história contada nas páginas do livro-álbum e as digam em voz alta (sem corrigi-los, instruir ou ensinar).

Para facilitar a compreensão do conteúdo virtual que reside em ilustrações e fotografias, se podem duplicar algumas das coisas que aparecem em uma página dupla selecionada para esse fim. No ambiente dos leitores se procuram objetos correspondentes às ilustrações (por exemplo, uma pipa, uma fita, um vestido, uma maçã, um liquidificador, uma pedra, um ventilador ou uma colher), que são colocados perto das páginas do livro. Assim, com uma versão tridimensional e outra bidimensional do mesmo objeto, crianças e adultos podem falar livremente, relacionando os objetos entre si, marcando diferenças e semelhanças, imitando os sons que eles fazem ou nomeando-os.

OUTROS LIVROS

Livros de arte

Nas coleções para crianças com menos de 18 meses também pode haver livros que não tenham sido feitos especificamente para elas, mas que contenham imagens compreensíveis e potencialmente interessantes.

Os livros de arte são uma boa opção, especialmente os livros de fotos em que os bebês podem ler gestos, estados de ânimo, situações, relações ou processos de trabalho. Nas fotografias também podem ler costumes, atitudes, nichos e territórios de alguns animais. Ou podem contemplar máquinas, edifícios, veículos, estradas e paisagens. Se esses livros forem pesados ou delicados, o adulto deverá segurá-los e virar suas páginas.

Os livros de arte também podem fazer parte do acervo dos bebês.

Cancioneiros

Os cancioneiros são vitais em uma coleção, para promover a leitura/autoria. Os adultos podem converter as canções favoritas das crianças em livros ilustrados (um livro por canção), para que elas passem as páginas enquanto cantam e para que – ao indicar o livro que preferem ou ao pegá-lo do seu jeito – construam a capacidade de pedir uma canção específica quando quiserem ouvi-la ou cantá-la.

Se possível, cada cancioneiro deve ser acompanhado de um disco para que as crianças escutem a música e as palavras. Se os discos não estiverem

disponíveis, os adultos podem fazer suas próprias gravações à capela ou acompanhadas por um piano ou um violão.

Como as crianças sabem as músicas de cor, os cancioneiros favorecem a compreensão da função de representação que cumprem tanto as ilustrações como as palavras escritas; além disso, permitem que as crianças brinquem que sabem ler sem que os outros descubram seu segredo.

APRENDIZAGENS

O mais importante será favorecer que, ao completar 18 meses de idade, os bebês conheçam, por experiência própria, os prazeres do livro e da leitura, e desenvolvam um apetite leitor; construam seus critérios próprios para escolher os livros e destinem tempo à leitura e à discussão; formulem muitas perguntas e sugiram hipóteses; elaborem versões próprias das histórias que leem; elaborem suas criações autorais e as apresentem aos outros através de gestos, olhares, danças, traços e palavras.

Propiciar a leitura/criação própria antes dos 18 meses de idade também busca incentivar os bebês a saber que a palavra nomeia e evoca; que os seres humanos sentem, pensam, recordam, imaginam, duvidam, precisam e podem; que no mundo há diferentes ritmos, gestos, música, histórias, imagens, perguntas e silêncios; que cada pessoa é diferente, com sua própria individualidade, e também que toda pessoa está acompanhada por várias outras pessoas, com individualidades próprias e com as quais é possível estabelecer relações interfecundantes; que os seres humanos podem ler os outros e a natureza através das nuvens, flores, canções, beijos, livros, fotografias, carícias, desenhos ou palavras; que os seres humanos podem construir discursos próprios, apresentá-los ao mundo e debatê-los, que os livros contêm mundos alternativos e que a leitura é uma via para esses mundos; que os livros podem ser aliados, amigos, professores, trincheiras, catapultas ou abrigos; que cada autor tem voz, olhar, textura, experiência, princípios, preferências, visões e conhecimentos próprios; que o mundo é um espaço aberto e que a vida supõe movimento.

> É importante assegurar que, ao completar 18 meses, os bebês já conheçam, por experiência própria, os prazeres do livro e da leitura.

Capítulo III

Após os 18 meses

*[...] Era uma granja que enchia de cor
suas vidas, como o fazem os pincéis
do pintor, e que falava com eles
a cada dia, como falam as metáforas.*

Toni Morrison

AS CRIANÇAS COM MAIS DE UM ANO E MEIO

Em situações ideais, as crianças de 18 meses já construíram todo um aparato que as coloca em condições de viver e dialogar com a vida, em seus próprios termos. Dentro de seus limites e possibilidades, vivem com autonomia, intenção e significado; se colocam em cena – com os outros e diante deles – como corpos solares, com radiações, visões e rotações próprias. É um período de perguntas, de mente aberta, de brincadeiras e incursões e de mãos estendidas para o mundo e os outros; com momentos fortes e necessários de reflexão honesta e introspectiva.

Aquelas que já completaram um ano e meio têm uma vida intensa e criativa, além de uma grande necessidade de apoio humano protetor, provedor, inteligente, caloroso, provocativo, aberto, cúmplice, permanente, vinculador e constante.

Nessa idade as crianças conhecem, por exemplo, as rotinas domésticas em relação ao passar do tempo; a utilização da água; os ritmos do dia e da noite; a personalidade e o comportamento de seus familiares; os riscos em seu ambiente e as áreas da casa onde se sentem mais confortáveis; as fontes de música e som; a roupa, os alimentos, os brinquedos, o tipo de música e as histórias que preferem; as diferentes maneiras de resolver os problemas de calor, frio, fome e cansaço; e o mecanismo de funcionamento de certos instrumentos e aparelhos de uso diário, como esponjas, moedores, martelos, chaves de fenda, fogões, ganchos, pregadores de roupa, livros, portas, rampas ou janelas.

A tecnologia encanta essas crianças, que contemplam atentamente o trabalho de um operário que manuseia uma serra, ou a água da chuva – as gotas caindo de folha em folha – que ficou represada em um copo-de-leite ou em um lírio. Arrastam seus bonecos amarrados com fios, acertam com técnica e destreza uma bola dentro de uma cesta colocada baixinho e passam um bom tempo equilibrando peças de madeira e erguendo construções com elas.

Já sabem que os animais têm vida. Seguem com o olhar o voo dos pássaros e caminham interessadas ao lado de uma fila de formigas, tendo o cuidado de não pisar nelas. Enfrentam as tempestades com humildade e respeito. Ficam alegres quando amanhecem novas flores nas plantas de sua casa e se comprometem a regar dois ou três vasos diariamente. Relacionam a luz do Sol com o calor, as nuvens escuras com a chuva, o pôr do sol com o crepúsculo. Brincam com sua sombra, penduram sua roupa molhada para secar e ficam felizes quando um adulto as convida para deitar na grama para olhar as nuvens e conversar sobre seu movimento, como parceiros.

Como são seres sociais, têm companheiros favoritos que as fazem sentir-se melhores do que com outros. Constroem várias estratégias de convencimento e sedução direcionadas às diferentes pessoas de seu ambiente. Literalmente, adoram as canções compartilhadas e as rodas. Ficam muito felizes quando fazem os outros felizes. Sabem que possuem mente e palavra próprias e gostam de se expressar diante dos outros. Sabem que são diferentes e entendem que, assim como são, pertencem a uma família, a um grupo e a um ambiente.

> Nessa idade, as crianças já sabem que os animais têm vida: seguem com o olhar o voo dos pássaros, acompanham cuidadosamente uma fileira de formigas. Vivem as tempestades com humildade e respeito.

Além disso – é bom lembrarmos, em condições ideais – já conhecem muitos limites e aprenderam a respeitá-los, não por medo, mas porque têm confiança nos mais velhos, a quem consideram cúmplices. Sabem que dentro dos limites conhecidos se abre um espaço seguro de liberdade onde podem se sentir à vontade e no qual, movidas por suas legítimas ideias e desejos, podem conceber e realizar suas próprias ações.

Como são seres dotados de pensamento e cultura, o mundo dos outros começa a exercer sobre elas uma imensa atração. Não há porta aberta que não queiram cruzar. Sentam-se em família para ouvir as visitas, perguntar de novo e de novo, prestam atenção às respostas que obtêm e às vezes ficam pensando depois de ouvi-las, questionando-se se o que ouviram tem lugar em seus espaços emocionais e mentais.

DO BAÚ DE HISTÓRIAS

— Você conhece o Mágico de Oz? – perguntou Dorothy ao silencioso Homem de Lata.

Com alegria intelectual, as crianças são capazes de gargalhar e, em seguida, se retirar sozinhas e em silêncio para refletir sobre um evento que as afete significativamente. Contemplam-se em álbuns de fotos e perguntam sobre sua vida; vão e voltam nas páginas do álbum para ir e vir junto aos seus (que aparecem nas fotos) ao longo do tempo.

Nessa idade, seu vocabulário começa um processo incessante e alegre de expansão temática, que se move ao ritmo de suas preocupações, incursões e perguntas. Identificam coisas conhecidas quando aparecem em livros, fotografias e desenhos; as chamam pelo nome e são atraídas pelos dicionários ilustrados. Dão voz às marionetes de mão, criam falas alternativas para os personagens dos livros e inventam outros finais para suas aventuras. Têm vários livros favoritos que leem e releem do seu jeito. Cancioneiro na mão, interpretam suas próprias criações e pedem músicas específicas.

De forma incipiente, podem brincar de "boca de forno" e se iniciam com relativo êxito na brincadeira de estátua; pedem rodas e cantos compartilhados e desfrutam da leitura em voz alta e dos gestos dos contadores de histórias. Dançam ao ritmo da música e acompanham com tambores e chocalhos. São capazes de imitar os outros

> **DO BAÚ DE HISTÓRIAS**
>
> Embora soubesse que eram sete, tesoura nas mãos, o Alfaiate Valente entrou no bosque.

e inventam gestos para fazer as pessoas rir e para surpreendê-las.

As crianças são capazes de construir argumentos para defender seus pontos de vista e conseguir o que querem; mantêm diálogos internos e silenciosos com elas mesmas; fazem parte do mundo da literatura e da criação literária, pois – ao serem leitoras da natureza, do ambiente social e dos livros, além de grandes conversadoras – constroem seus próprios sentidos, significados e histórias.

HISTÓRIAS PARA CHAMAR O SONO

É bem conhecida a importância de acompanhar com imaginação e calor as crianças na hora de dormir. Não é fácil para uma pessoa de dois ou três anos, que viveu um dia intenso e cheio de decisões e ações, abandonar o estado de vigília. O momento do sono coincide com o final do dia e a chegada da noite; quando se tem três ou quatro anos de idade, se necessita de confiança para deitar nos braços da escuridão e força para deixar as muitas aventuras que a vigília traz consigo. Todos os povos do mundo estão conscientes disso e, assim, parentes e amigos próximos estão perto, com histórias lendárias, para fazer mais agradável a complexa transição da vigília para o sono. Isso é válido para todas as crianças do mundo.

Cada grupo humano tem sua coleção de histórias favoritas, e as culturas transmitem, de geração em geração, as histórias de maior sucesso e aceitação ao longo do tempo. As histórias para chamar o sono são construções que, com simplicidade, cordialidade e proximidade, permitem às pessoas (crianças e adultos envolvidos) reafirmar seu carinho, seu compromisso mútuo e sua confiança. Muitas dessas histórias copiam o ritmo do coração da mãe, o coração do dia e da noite ou o coração da Terra. Outras lembram o fluir da água, o voar dos pássaros ou o uivar do vento.

Ditas com pausa, textura própria, cadência criativa e voz firme, as histórias para dormir permitem às crianças e adultos tecer complexas e sólidas estruturas interpessoais que lhes dão ânimo e incentivam a pensar sobre a continuidade da vida, com seus grupos e através deles. Por isso essas histórias são tão necessárias entre os 18 meses e os sete anos, porque nessa idade as crianças constroem grande parte da estrutura que lhes permitirá saber que fazem parte de uma sociedade e que, com suas ações, podem afetar a vida do grupo.

Essas histórias são especialmente bem-vindas quando as crianças ficam doentes, porque dizem a elas que o ritmo da vida inclui tanto a doença quanto a cura, que a ordem não foi rompida, que o tempo colocará tudo no lugar e que alguém cuida delas.

Uma característica dessas histórias é a repetição lenta e calorosa de um processo que copia os padrões de vida e inclui atos, preâmbulos, silêncios e suspenses. A repetição permite às crianças passar, sem se dar conta, do sim (ritmo, canção, palavra) ao não (pausa, silêncio), sentir-se na e com a natureza, e conciliar o sono.

As melhores histórias da noite falam de processos longos e repetitivos que seguem indefinidamente, sem nunca terminar. Os adultos que vivem perto de crianças têm a opção de fazer suas próprias criações, porque não podemos esquecer que somos todos potenciais autores por simplesmente termos palavra, olhar, visão, ideias e sentimentos próprios. São célebres as grandes mentiras interligadas que alguns avós criativos contam com paixão e que fazem as crianças sonharem com marchas, rotas, perfumes, seres extraordinários e estrelas.

> Naquela noite, enquanto todos os animais da floresta já estavam dormindo há muito tempo, a girafa andava pra lá e pra cá e não conseguia pegar no sono.
> — É falta de um bom travesseiro! – falou uma árvore que estava lá perto. (...)[2]

---

2 Iacocca, Liliana; Iacocca, Michele. *A girafa sem sono*. 5. ed. São Paulo: Ática, 1999. p. 3-4.

> Quando se tem três ou quatro anos, à noite é necessário confiança para se jogar nos braços da escuridão e força para deixar as muitas aventuras que a vigília traz consigo.

Com um pouco de criatividade, os contos clássicos podem oferecer rotas e conteúdos para a construção de histórias que agradem às crianças e as deixem com ideias alentadoras nos braços do sono. São exemplos o fio que Ariadne esticou para ajudar Teseu em sua aventura pelo labirinto do Minotauro, ou as descobertas surpreendentes e sucessivas de Gilgamesh (amizade, música, paciência, sabedoria ou amor pela natureza) ao longo de suas aventuras, que acabam para começar de novo.

Há também belíssimos relatos na literatura oral dos povos indígenas brasileiros, como os que explicam a origem da vitória-régia, planta conhecida como a "estrela dos lagos", ou da mandioca, o "pão indígena".

E, claro, há também livros contemporâneos, que com linguagem simples e imagens provocativas propõem às crianças reflexões que lhes permitem pensar, por exemplo, como será a vida daqueles que, como a borboleta, sofrem profundas transformações no curso de sua vida; ou como será a vida em uma situação na qual, como ocorre com as abelhas, todas as atividades são planejadas com antecedência, em benefício da colmeia. Outros livros sugerem perguntas, no entanto, que não encontram respostas originais ou apresentam finais abertos para que as crianças perguntem, discutam, imaginem e proponham.

Além disso, as histórias que acompanham as crianças quando querem chamar o sono precisam ser cristalinas, simples e previsíveis. Têm de repetir uma mesma ideia ao longo da história e ter momentos doces, felizes e tranquilos que ocorram em um horizonte aberto. Por sua estrutura espiral, essas histórias convidam as crianças a andar por um determinado caminho, sem metas fixas, só pelo prazer do movimento, e ao fazê-lo são levadas pouco a pouco, e sem que percebam, ao território do sono.

RODAS

À medida que as crianças aprendem a andar – e, especialmente, em torno dos três anos, quando entram na escola –, as rodas populares se tornam parte indispensável de sua vida, porque contam histórias que as intrigam ("Pai Francisco entrou na roda/ Tocando seu violão/ Vem de lá seu delegado/ Que Pai Francisco/ Foi pra prisão"); porque as encantam com seu ritmo e suas pausas ("Ciranda cirandinha,/ Vamos todos cirandar/ Vamos dar a meia-volta/ Volta e meia vamos dar"); porque jogam com a palavra ("Eu sou pobre pobre pobre/ de marré marré marré/ eu sou pobre pobre pobre/ de marré de si"); porque permitem juntar as mãos para formar um algo que é maior do que cada uma delas ("Palma, palma, palma/ Pé, pé, pé/ Façam roda minha gente") e porque envolvem brincadeira ("Vamos passear no bosque/ Enquanto seu lobo não vem").

Huizinga, o afetuoso especialista em brincadeiras, imagina os homens ancestrais desprotegidos e temerosos diante das feras da noite, no meio da selva (ver Huizinga, J., *Homo ludens*). Vê-os ao redor do fogo, aterrorizados e vigilantes, sem poder dormir. Um dia, nossos ancestrais decidiram construir um estratagema para se sentirem poderosos: inventaram a roda. Eles se colocaram de pé,

Julia Ivantsova/Shutterstock.com/ID/BR

DO BAÚ DE CONTOS

— Jogue as migalhas – disse Maria a seu irmão João.

> **DO BAÚ DE HISTÓRIAS**
>
> — Quem tomou minha sopa? – perguntou irritado Papai Urso.

deram-se as mãos, estenderam ao máximo o círculo ao redor do fogo e, com ritmos e batidas bem marcados (como são os ritmos e batidas vitais), começam a dar voltas entoando canções e emitindo sons. Aos tão temidos seres da noite não lhes resta então mais remédio senão reconhecer que estão diante de um ser grande e magnífico, com olhos de fogo, corpo enorme, ritmo e palavras, e se afastam.

Huizinga supõe que foi assim que nasceu a sociedade, pela magia das mãos unidas, uma mesma tarefa compartilhada e a voz de todos em consonância, em um mesmo sentido e com as mesmas pausas.

Do ponto de vista da leitura, quando as crianças brincam de roda, encenam histórias curtas com gestos e palavras. Assim, fazem leituras peculiares que produzem de maneira compartilhada.

As rodas produzem espaços cênicos em que as crianças, atores, apresentam danças que o grupo acompanha com palmas e canções. Esses atores apresentam suas atuações com coragem, muitas vezes com grande habilidade e com a cumplicidade do grupo, para o grupo e dentro do grupo ("Ai olé, ai olé,/ Foi na loja do Mestre André").

As rodas estão aí, ao alcance da mão, na memória dos idosos, nos livros, na prática diária de alguns professores e na arte dos menestréis e contadores de histórias, que enriquecem seus relatos com cantos, coros, concertos com palmas e brincadeiras de grupo que colocam na boca de seus personagens ou fazem brincar quem os está vendo até deixá-los literalmente encantados.

Arquivos

Para cada roda (e para cada história oral, música ou rima), prepare um cartão no qual apareçam os versos e histórias completos, bem como algumas indicações que orientem a gesticulação, os passos e a expressão dos participantes. Em um quadro do mesmo cartão, ilustre a roda com desenhos e cores. Não se esqueça de citar o autor ou a pessoa com quem aprendeu. Considere que as fichas ficarão à disposição das crianças e, em função disso, decida o tipo e o tamanho da letra, as ilustrações, a divisão de conteúdos ou ênfase no nome da roda.

Crie um arquivo com esses cartões e coloque-o na biblioteca da classe (ou na biblioteca da família) para que as crianças o revisem a cada dia e escolham as rodas com que queiram brincar, ou para que os usem como material de leitura e brinquem que já sabem ler, repetindo de memória os textos que aparecem nas fichas (que as crianças conhecem bem, porque os cantam com frequência). Esses arquivos também permitem às crianças compreender que, sobre o papel e com linhas especiais (de fotos e letras), as coisas que não existem podem aparecer com corpo, textura e discurso próprios, o que é um importante precedente para a leitura alfabética.

Ao elaborar essas fichas, prepare mais de um conjunto para trocá-lo com seus colegas e formar uma rede para ampliação e enriquecimento de seus respectivos acervos. Os familiares das crianças podem desempenhar um papel importante na expansão desses arquivos.

Um pacote formado por dez ou quinze fichas com rodas, rimas, canções e brincadeiras pode ser um magnífico presente para um professor, um assistente social ou uma família.

CANCIONEIROS

As crianças gostam de cantar com os adultos, sentando-se perto umas das outras. Isso as faz sentir que estão protegidas, que pertencem a um grupo e que com ele compartilham língua, imagens, música, ritmos e silêncios. Além disso, as canções infantis costumam contar histórias atraentes e agradáveis ("[...] os grãos de feijão não só haviam brotado durante a noite, como também haviam crescido assustadoramente, transformando-se numa planta enorme, que subia até o céu").

Alguns povos – como os Kayapó, que vivem no planalto do Brasil central – criaram músicas e rotinas gestuais que lhes permitem transmitir às crianças valores fundamentais de sua sociedade.

Não será o momento para iniciar um processo pelo qual nós mesmos – adultos que vivemos e trabalhamos perto de crianças com menos de sete anos – inventemos, com a cumplicidade de músicos e escritores, novas canções, cordéis e rotinas para colocar as crianças em contato com seu ambiente? Não seria interessante criar uma música para falar sobre as sombras que se movem no jardim da escola com a passagem do sol, que diga algo como: "Dia após dia, a sombra do freixo, passo a passo, se muda para o outro lado do jardim até chegar às rosas..."? Ou um cordel para contar a caminhada que o grupo fez à padaria da esquina, incluindo o nome dos padeiros e dos diferentes pães? Eu imagino algo como: "E disse dona Lúcia/ que a massa amassada/ se corta em pedaços,/ as conchas com ornamentos brancos/ e os croissants sem nada, mas os pães doces/ bem açucarados". As crianças não poderiam criar, juntas, uma canção de ninar para um irmão recém-nascido? Ou fazer uma coreografia sem melodia, com base no ritmo que – na voz de um coro – marca alguns dos poemas já citados e que fazem parte do folclore infantil brasileiro?

Alguns autores direcionam seus versos à inteligência e ao coração das crianças. No Brasil, Mario Quintana convidava, com seus poemas, a refletir sobre a vida, a ciência ou a natureza. Por exemplo, em "A gente não sabia", Quintana disse: "A gente ainda não sabia que a Terra era redonda./ E pensava-se que nalgum lugar, muito longe,/ Deveria haver num velho poste uma tabuleta qualquer/ — uma tabuleta meio torta. E onde se lia, em letras rústicas: FIM DO MUNDO". No meio de suas canções, as crianças talvez se perguntem: "E o mundo acaba?". E o mais provável é que se ponham a pensar nisso, e busquem compartilhar suas dúvidas, e vão querer ouvir de novo o mesmo poema, agora mais experientes do que antes. Este é apenas um caso, pois há muitos outros escritores empenhados em nos lembrar, por meio de suas criações, que as crianças são sensíveis e inteligentes e merecem propostas com qualidade artística.

Além de especificamente dirigidas a crianças, temos muitas outras canções que podem resultar amáveis. Embora crianças com menos de sete anos não compreendam tudo o que essas músicas dizem, desfrutam delas e aprendem a gostar de repeti-las, ainda que não as entendam. As crianças gostam do som das palavras e acham gostoso decorá-las, recitá-las e cantá-las com o propósito de senti-las e de entrar em harmonia com os adultos à sua volta.

Para cantar com as crianças será necessário escolher letras que falem de coisas agradáveis e cheias de vida. Eis alguns exemplos: "Passaredo", de Chico Buarque e Francis Hime, que fala de pássaros e de homens; "Chove chuva", de Jorge Ben Jor, que pede que a chuva pare de molhar a pessoa amada; "Aquarela", de Toquinho e Maurizio Fabrizio, que desperta a criança que existe dentro de todos nós; ou "A casa", de Vinicius de Moraes, que descreve uma casa "muito engraçada", uma casa imaginária.

Cancioneiros

É uma boa ideia identificar as músicas de que as crianças mais gostam para transformá-las em pequenos livros com textos escritos de forma clara e ilustrados em cores. É importante que esses livros tenham capa dura, frontispício, lombada, índice, o nome dos autores de letra e música, o nome de quem produziu o livro, a data de elaboração e o número de cópias por título. Cada editor (cada produtor de cancioneiros) pode criar um logotipo que o identifique; você pode até mesmo criar um nome para sua "editora" e colocá-lo na lombada e no frontispício, junto com o título e o crédito dos autores.

> Ainda que não entendam as palavras, as crianças gostam de seu som e de decorá-las, recitá-las e cantá-las com o propósito de senti-las e de imaginar seu significado.

Esses cancioneiros desempenham um papel importante na vida das bibliotecas infantis, pois como as crianças conhecem bem as letras das canções, por cantá-las frequentemente, podem fazer como se as estivessem lendo, virando as páginas dos livros com precisão e seguindo o texto que identificaram previamente. Isso dá segurança às crianças, as faz sentirem-se orgulhosas, confirma a elas que as ideias podem ser guardadas com letras no papel para que outros as encontrem, as torna interessadas nas palavras escritas e as prepara para a leitura alfabética.

Assim como com as fichas, prepare vários exemplares de cada título, pois é conveniente que se conserve um, se destine outro à biblioteca das crianças (escolar ou familiar) e talvez se queira contar com outras duas ou três cópias para dar de presente ou compartilhar com os amigos e colegas inscritos em um projeto editorial caseiro, a favor da leitura, canto e brincadeira com crianças com menos de sete anos.

HISTÓRIAS DA VIDA REAL

Também se pode promover a leitura ao contar às crianças acontecimentos do cotidiano – com uma prosa concreta, pausada e simples –, por exemplo: "Subiu na árvore e caiu no rio, por sorte sabia nadar e se salvou" ou "Encontrei na rua uma moeda de um real; estava escondida em uma fenda da calçada. Olhem, o que fazemos com ela?"; "O vento virou meu guarda-chuva e não consegui consertá-lo. Cheguei em casa tão molhada que precisei usar duas toalhas para me secar"; "Marcos acaba de ganhar uma nova irmãzinha; por isso não veio, ficou em casa fazendo companhia para a mãe dele. Mandou dizer a Joana que logo vai trazer uma foto da irmãzinha, que se chama Sonia".

Em contrapartida, é importante incentivar as crianças a compartilhar suas próprias histórias: "A aranha estava na parede da minha casa e eu não sabia o que fazer, queria matá-la, mas me dava pena, então chamei meu irmão Chico, que a jogou pela janela para os galhos da árvore"; "Ouvimos o trovão e corremos para pegar as roupas, mas a chuva foi mais rápida e nos molhamos todos: meus irmãos e eu, o cesto, os pregadores, a roupa e até o varal".

O importante é que as crianças descubram a grandeza das pequenas coisas e aprendam a tecê-las em forma de histórias. O importante é que se unam ao concerto da vida, escutando-a, significando-a e narrando-a.

HISTÓRIAS ORAIS

A hora da história oral é um momento mágico, que convida o grupo a se deslocar para um lugar diferente, a vibrar com os ritmos alternativos e construir imagens de medo, terror, satisfação, segurança, afeto, repúdio ou risco. É uma hora que envolve os membros de um grupo e os irmana. É um momento social por excelência, que lança as crianças ao mundo da imaginação, da fantasia, do sonho e da aventura.

Os contadores de histórias podem ser as mesmas pessoas que habitualmente estão perto das crianças, como professores, familiares ou bibliotecários. Ou podem ser visitantes que se aproximem do grupo com a única intenção de encenar, por meio de palavras, músicas e danças, histórias que se apresentam como criações cênicas.

Os contadores podem contar histórias que aparecem nos livros que fazem parte das coleções das crianças ou podem contar histórias que não estão em nenhum dos livros que as crianças conhecem. No primeiro caso, o narrador pode contar, com o livro na mão, a história a sua maneira, recriando os textos para adaptá-los à linguagem oral e mostrando as ilustrações ao grupo. No segundo caso, como não haverá imagens disponíveis para acompanhar a história, será a mímica, os gestos, a intenção, os ritmos e o volume da voz do narrador a "ilustrar" o relato e convidar as crianças a criar imagens em sua mente.

DO BAÚ DE HISTÓRIAS

Atrás da árvore, o Lobo Mau esperava a Chapeuzinho, que, alegre, carregava uma cesta.

Baú de histórias

Para fortalecer esse tecido social que a hora da história é capaz de produzir, pode-se construir um baú de histórias, ou seja, uma caixa em que se coloquem pequenas figuras em três dimensões. Cada uma representará uma história específica. Por exemplo, tesouras podem representar "O alfaiate valente"; um barrilzinho cheio de moedas, "Ali Babá e os quarenta ladrões"; uma longa trança de lã, "Rapunzel"; um boneco de madeira com um nariz bem comprido, "Pinóquio"; uma casinha colorida, "João e Maria"; uma maçã, "Branca de Neve"; ou uma pena de pássaro preto, a história inuíte que conta como o deus Corvo criou a luz e a trancou em uma caixa, enquanto o mundo permanecia no escuro.

Esse baú funciona como uma espécie de arquivo que materializa e põe à vista de todos cada uma das histórias que o grupo conhece, impedindo assim que os relatos caiam no esquecimento. Ele também funciona como um menu de opções para o contador de histórias que abre o baú diante do grupo e pergunta: "Que história querem que eu conte para vocês?". Diante do menu, as crianças precisam escolher por consenso.

Quando o narrador iniciar uma nova história, pedirá às crianças que o escutem e, imediatamente após, diante do grupo, proporá um objeto que a represente no baú de histórias. Depois, quando já conhecerem bem as histórias, as crianças poderão propor objetos alternativos. Quando isso ocorrer, com a concordância do grupo será retirado o objeto antigo, sendo substituído pelo novo.

Como cresce e se renova, o baú de histórias tem uma vida aberta.

> **DO BAÚ DE HISTÓRIAS**
>
> — Pois vou soprar e soprar e soprar até sua casa voar pelos ares – disse o Lobo Mau para os Três Porquinhos.

Keith Bell/Shutterstock.com/ID/BR

Lista de histórias

Como preparação para a leitura alfabética, pode-se fazer um registro que, por meio de um desenho e palavras escritas, relacione o objeto do baú que represente cada uma das histórias a seus respectivos nomes. Se as condições permitirem, pode-se afixar essa lista à parede do cantinho das histórias. Cada vez que se agregar uma história nova, se acrescentará, ao baú, um objeto, que será desenhado na lista, ao lado do nome do conto.

Além de ser uma antecessora da leitura alfabética, essa lista favorece a construção da noção de "conjunto aberto", uma vez que, de forma permanente, são incluídas nela novas histórias, e coloca para crianças o desafio de participar da ampliação da lista, com o apoio da família e amigos.

Fichas de histórias

Há outra maneira de dar vida às coleções: por meio de fichas de papelão guardadas em uma caixa destinada exclusivamente a isso. Além de trazerem escrito o nome da história e desenhado o objeto que a representa no baú, as fichas podem ter ilustrados outros elementos: por exemplo, a casa do personagem principal, os elementos da paisagem descritos na história ou as ferramentas que algum dos personagens utiliza em seu trabalho.

Como recurso de propaganda, se as fichas estão também destinadas às famílias e a outros grupos de crianças da comunidade, podem incluir um breve comentário que convide os leitores a escolher o livro que descrevem. Ao levar essas fichas para casa, as crianças se convertem em agentes multiplicadores, promovendo as histórias entre seus familiares, que – com base no conteúdo da ficha – irão à escola pedir emprestados os livros que lhes parecerem mais atraentes ou solicitarão a presença do contador de histórias para que lhes conte as que mais lhes interessam. Depois de se tornarem leitores, com aconselhamento, tempo, prática e perseverança, alguns familiares – jovens e adultos – poderão se transformar em contadores.

Sinal e recursos de memória

O mesmo grupo contará então com três recursos diferentes para ter presentes todas e cada uma das histórias que compõem seu acervo oral: o baú (que representa), a lista (que enumera) e o arquivo (que apresenta e divulga).

Esses recursos favorecem que, na hora da história, cada criança e cada grupo escolham histórias diferentes, de acordo com seu momento afetivo, com os projetos que estão sendo realizados, as coisas que escutam e que interessam a eles, o que temem e o que imaginam. Além disso, aumentam a probabilidade de que os relatos orais apareçam na vida do grupo com relativa frequência e evidenciam o fato de que o mundo das histórias é plural e aberto.

GÊNEROS DIVERSOS

As histórias podem abranger diferentes gêneros.

- Histórias fantásticas: "Era uma vez um boneco de madeira que podia falar e andar. Seu pai o havia construído com muito carinho".
- Relatos históricos: "Há muito tempo, um ousado capitão de um veleiro se lançou ao fim do mundo, a partir do porto de Palos, em busca de novos caminhos através do mar".
- Lendas de criação do mundo: "O sol já havia nascido, mas não sabia subir ao céu e, como não alcançava altura suficiente, a Terra estava a ponto de morrer de calor".
- Histórias de peregrinação: "Eles vinham do norte em busca de uma linda águia de pé sobre um cacto com uma serpente no bico".
- Histórias de descobertas: "Depois de fazer milhares de experimentos, Pasteur chegou a uma conclusão: no mundo real há seres tão pequenos que o olho humano não consegue enxergar, mas eles existem e têm vida própria".
- Biografias: "Malala era uma menina que queria ir para a escola. Mas, no lugar onde vivia, isso era proibido. Livro, só escondido. No caminho para a escola havia muitos perigos. Riscos inimagináveis, de morte até".[3]
- Memórias: "Nas montanhas, nas noites da revolução, os combatentes se sentavam à luz da lua para comer carne de vaca, de burro ou de cordeiro assada ao fogo. No entanto, sua alegria só era completa quando, do meio da escuridão, aparecia um

---

3 CARRANCA, Adriana. *Malala*: a menina que queria ir para a escola. São Paulo: Companhia das Letrinhas, 2015. p. 9.

viajante com um saquinho de sal e o compartilhava com eles. E aí, sim, tudo era alegria e canto, e surgiam os violões".

- Passagens da literatura clássica: "Enkidu, o amigo de Gilgamesh, nasceu e cresceu sozinho entre os animais, e assim era feliz. Mas, no dia em que ouviu o doce canto de Shamhat e contemplou sua doçura, percebeu quanta falta lhe fazia pertencer a um grupo".

- Cenas e trechos de livros ou filmes: "Em um dia de outono, na floresta de Bambi", diz Felix Salten, o autor do livro adaptado para o cinema por Walt Disney, "duas folhas contemplavam, do galho de uma árvore, suas companheiras caindo, enquanto diziam: 'Aonde vão as que caem? Qual de nós cairá primeiro?'".

- Cenas do teatro: "Cyrano de Bergerac – que, segundo contam, era muito feio – escrevia versos belíssimos para uma formosa dama. Mas, como temia que ela o achasse muito feio, se escondia entre os arbustos e lia seus versos com voz doce, enquanto seu amigo, que era bonito, ficava debaixo da sacada e fingia recitar; até que um dia...".

- Histórias oriundas das comunidades locais: "José, o jardineiro, caiu da escada quando estava cortando os galhos altos de uma laranjeira. Por sorte, caiu sobre um colchão de grama recém-cortada".

> O baú funciona como uma espécie de arquivo que materializa cada uma das histórias que o grupo conhece, impedindo assim que caiam no esquecimento.

ARGUMENTOS, OPINIÕES, DIÁLOGOS E DEBATES

Seguindo as histórias, podemos promover muitas conversas e debates entre as crianças. Elas são capazes de produzir perguntas, explicações, queixas e propostas, de oferecer pontos de vista alternativos e, por vezes, de confrontar os autores e discordar dos processos e finais propostos.

A dúvida é uma das melhores ferramentas do pensamento aberto. É importante garantir às

schmaelterphoto/Shutterstock.com/ID/BR

DO BAÚ DE HISTÓRIAS

Diante do espelho do lago, o Patinho Feio se perguntava: "Por que sou diferente?".

crianças que as perguntas são algo maravilhoso porque surgem de mentes inteligentes que têm a capacidade de duvidar, questionar, imaginar e prever (muitas vezes as perguntas nascem da intuição). Não é o caso de produzir respostas, mas de incentivar perguntas.

Diante das dúvidas, propostas e comentários das crianças, ao adulto cabe construir um ambiente de respeito que as convide a expressar o que sentem, ignoram, supõem, desejam ou temem, com a confiança de que suas ideias serão discutidas em um espaço acolhedor que valorize o pensamento aberto.

De vez em quando (ocasional e nunca sistematicamente) se podem convidar as crianças, por exemplo, a mudar o final de algumas histórias; a dar outro papel e personalidade aos personagens; a introduzir em uma história um personagem de outra história; ou a inventar um poderoso monstro que altere a correlação de forças de uma história. O grupo vai ouvir as propostas e se relacionará com elas, celebrando-as, analisando-as, mostrando suas impossibilidades, sugerindo ou argumentando. Dessa forma se propiciam, ao mesmo tempo, a criação original e o pensamento crítico e criativo; se favorece a construção de relações interpessoais e se fortalece o tecido social escolar e familiar.

É importante atentar aos comentários feitos pelas crianças, por exemplo, ao tomarem uma posição contra um personagem e em favor de outro, ao emitirem opiniões diferentes das do autor, ao fazerem reivindicações ou sugerirem alternativas. Os comentários feitos em grupo diante de parceiros que ouvem, prestam atenção e respondem são as sementes que, mais tarde, darão lugar ao ensaio e à análise do discurso, à notícia de jornal, à epígrafe e à criação de histórias originais.

Além disso, a troca de pontos de vista, propostas alternativas, conhecimentos e opiniões que se dá nos espaços escolares convida as crianças a consultar seus parentes e a pedir seu apoio para novas investigações, a avaliar suas coleções (familiares e escolares) e a visitar a biblioteca pública, assim como a refletir, escolher, procurar, expressar e argumentar com seus próprios pensamentos.

A leitura convida ao debate, o debate à pesquisa, a pesquisa à criação, e a criação à leitura, que necessariamente propicia o debate, que...

RELEITURA

Assim como ficamos extasiados em um museu diante de um quadro de Van Gogh a ponto de perder a noção do tempo, os menores de sete anos podem ficar maravilhados frente à página dupla de um livro infantil e observá-la por um período indefinido. Manter tempo e ritmo próprios diante das páginas de um livro é um privilégio do leitor que precisamos instrumentalizar na escola e em casa, de maneira atenta e cuidadosa.

As crianças talvez precisem voltar às páginas já observadas para olhá-las uma e outra vez, já que a literatura (com suas linguagens alfabética e pictórica) oferece aos leitores universos completos cheios de novidade, surpresa, incerteza e ânimo. Os livros oferecem ao leitor discursos entre as linhas e os bastidores, como em um bordado; matrizes habitáveis, pontos de fuga ou mecanismos como os de um estilingue que os lançam, com força, a lugares distantes.

Por isso, não basta ler uma vez: a releitura é vital. A literatura se significa e ressignifica conforme o estado de espírito do leitor e as questões que se agitam em sua mente, as circunstâncias do ambiente, as necessidades presentes, os conhecimentos recém-adquiridos, a memória e os sonhos. Tudo isso muda a cada dia; por isso, ninguém pode ler o mesmo texto duas vezes da mesma maneira. Cada releitura dá lugar à construção de significados e sentidos novos. Podemos encorajar as crianças a reler a mesma história e a descobrir nela coisas novas que esperam por elas agachadas dentro de uma palavra, no final de uma estrada ou na copa de uma árvore. Para isso, é necessário que nós, como adultos, tenhamos o hábito da releitura e conheçamos, em nosso próprio corpo, o prazer que ela produz.

DO BAÚ DE HISTÓRIAS

O Gigante Egoísta, com fúria selvagem, trancou para sempre as portas de seu lindo jardim.

Muitas vezes, a releitura convida o leitor a constelar o livro recém-lido ao relacioná-lo com outros títulos de sua coleção. A releitura oferece ao leitor novas razões para ir a seu acervo em busca de ideias e emoções que façam vibrar, com novas luzes, o recém-lido, que o potencializem, o aprofundem e o expandam.

Um exercício possível é pedir às crianças que coloquem no chão, com as capas viradas para baixo, muitos títulos da coleção para que, uma a uma e de acordo com sua própria vontade, peguem um livro do chão, levem-no a uma mesa relacionando-o a outros dois ou três títulos que lhe possam ser vinculados. Ao fazer isso, a criança deverá explicar ao grupo, com seus próprios argumentos, o que, de acordo com seus critérios, esses três ou quatro livros têm em comum e as razões pelas quais podem pertencer a um grupo, uma família ou uma associação. Além de promover a melhoria das inteligências racional, social, emocional e biológica, isso vai incentivar a releitura dentro do grupo, pois certamente as crianças vão querer comprovar pessoalmente o que o companheiro disse.

A vida de uma coleção ganha espírito quando as crianças esquecem os padrões de consumo ("esse livro eu já li", "esse eu já conheço") e entram no maravilhoso mundo do pensamento aberto, da surpresa, da expectativa e da incerteza.

> **DO BAÚ DE HISTÓRIAS**
>
> O Grilo Falante perguntou a ele:
> — Pinóquio, por que você não deixa agora mesmo de dizer mentiras?

TEATRO

Uma coleção infantil pode contar com peças teatrais. Alguns livros trazem textos ilustrados de obras simples adaptadas ou escritas especialmente para que jovens e adultos atuem para crianças. Outros títulos trazem textos para que as próprias crianças os encenem.

É importante promover a presença dos textos teatrais em que as crianças – diante de metáforas e de maneira direta ou simbólica – falem bem umas das outras e dediquem um canto em sua homenagem diante de um coro que dê testemunho e reafirme o que as crianças dizem. Por exemplo, um ator entra no palco e diz: "Eu sou o martelo, minha cabeça é grande, minha cabeça é dura, eu sou inigualável". Em seguida, o coro enfatiza suas palavras: "Ele é o martelo, sua cabeça é grande, sua cabeça é dura, ele é inigualável!". Em seguida, surge um grupo de crianças que a uma só voz diz: "Nós somos os pregos, somos prateados, somos bonitos, somos pequenos, e arrasamos". E o coro confirma: "Eles são os pregos, são prateados, são bonitos, são pequenos, e eles arrasam!".

Salvatore Chiariello/Shutterstock.com/ID/BR

Você imagina o que as crianças podem sentir ao entrar no palco para cantar sua própria beleza, direta ou simbolicamente? Imagina o orgulho da família e dos amigos ao ver isso? Em muitos aspectos, é diferente o prognóstico de vida para uma criança que atua diante de uma plateia, de cima de um palco, e fala bem de si mesma em comparação com aquela que passa sua infância unicamente escutando, de baixo, o que os outros dizem, de cima.

As duas coisas são importantes: quando as crianças assistem a uma peça (que outros apresentam), aprendem modelos de atuação e desfrutam da leitura dos relatos que as histórias trazem, ao passo que, quando elas a encenam, aprendem que têm um papel no mundo e que podem imaginar seus próprios caminhos, sentidos e processos.

Em termos relativos, há poucos livros de teatro com roteiros escritos para crianças. No entanto, se ouvirmos o que as crianças dizem durante o recreio, um passeio ou uma reunião, teríamos material suficiente para escrever uma peça. Basta ouvi-las quando fingem ser algum dos personagens de uma história para criar, com o que elas dizem, uma pequena obra que devolva a suas bocas suas próprias palavras. Também é relativamente simples escrever em forma de texto teatral algumas das histórias que as crianças contam quando voltam às aulas na segunda-feira, depois de um fim de semana.

Escrever textos teatrais com base nas experiências das crianças para que elas mesmas se representem propicia que se sintam autores e, do ponto de vista literário, lhes permite comprovar que muito do que dizem os livros fala da condição humana e da vida cotidiana.

POESIA

A poesia tem muito que ver com um significado que se pressente mas não chega, que se aproxima mas bem devagar. Tem que ver com uma vaga ideia de algo que se intui mas a que faltam sinais claros; com algo que não se pode nomear, ainda que se saiba o que é.

A poesia permite que se habite, por vezes, o reino do indefinido, do que vai ser, do que está se formando e está por nascer.

> É importante promover, no acervo, a presença de textos teatrais que convidem as crianças a subir a um palco para representar suas conquistas, ideias, emoções e opiniões.

Também tem que ver com a metáfora que nos permite falar de algo sem nomeá-lo, evocar sentimentos e coisas distantes ou cair em soluços incontroláveis diante de emoções que, na realidade, nunca foram mencionadas.

Em geral, as crianças gostam de dois tipos de poesia: a que tem textura, melodia e ritmo intrínseco, e a que se pode acompanhar com movimentos, gestos e palmas. Como o poema de Manuel Bandeira, que praticamente se movimenta sozinho:

[...]
Virge Maria que foi isso maquinista?

Agora sim
Café com pão
Agora sim
Voa, fumaça
[...][4]

As crianças gostam de ouvir versos só por sua sonoridade. Desfrutam do ritmo, da cadência e do sentimento com que os autores significam sua poesia. Com as palavras entrelaçadas que ouvem e apreciam, constroem novas imagens e, literalmente, sentem uma emoção própria e significativa. Um exemplo é "As borboletas", de Vinicius de Moraes, que diz:

Brancas
Azuis
Amarelas
E pretas
Brincam
Na luz
As belas
Borboletas.

Borboletas brancas
São alegres e francas.

Borboletas azuis
Gostam muito de luz.

As amarelinhas
São tão bonitinhas!

E as pretas, então...
Oh, que escuridão![5]

---

4 BANDEIRA, Manuel. Trem de ferro. In: *Trem de ferro*. 2. ed. São Paulo: Global, 2013.
5 MORAES, Vinicius de. As borboletas. In: *A Arca de Noé*: poemas infantis. São Paulo: Cia. das Letras, Editora Schwarcz Ltda., 1991. p. 56. Direitos relativos ao uso dos poemas de autoria de Vinicius de Moraes foram autorizados pela VM Empreendimentos Artísticos e Culturais Ltda., além de: ©VM e ©Cia. das Letras (Editora Schwarcz).

Uma das muitas maneiras de convidar as crianças para o mundo da poesia é propor a elas versos que possam ser lidos a duas vozes, pois as crianças os decoram e logo os repetem com emoção e sentido próprio, como se estivessem atuando.

> Quem me compra este caracol?
> Quem me compra um raio de sol?[6]

Também podemos ler para as crianças, em uma tarde chuvosa, por exemplo, versos que as embalem por alguns momentos, como os de José Jorge Letria: "Dorme agora sossegado/ como as nuvens à noitinha/ que eu fico a teu lado/ com a tua mão na minha" (*Versos para os pais lerem aos filhos em noites de luar*. São Paulo: Peirópolis, 2010). Talvez as crianças não entendam o significado; no entanto, sentem e intuem que essas palavras dizem algo que está além da própria palavra e que tem que ver com elas.

Uma vez que, entre outras coisas, a poesia promove a reflexão introspectiva, assim como o contato íntimo e pessoal, as crianças – em defesa própria – podem se tornar grandes demandantes de poesia.

A poesia convoca, seduz, limita, suscita, provoca, sugere e permite às crianças sentirem-se à vontade no meio das incertezas. Nossos tempos nos pedem que aprendamos a viver na incerteza, a dialogar com aquilo que ainda não tem nome e corpo mas que já está virando a esquina; nos pedem para viver conscientes de que nossas verdades são construções temporais que se modificarão para responder com vigor à natureza, à arte, à ciência e à tecnologia, que estão em constante mudança.

O pensador francês Edgar Morin destaca a importância de que os habitantes do mundo contemporâneo pensem na incerteza como uma noção que, uma vez assumida, nos convida a aprender, perguntar, arriscar e imaginar. Nesse sentido, com sua imensa carga de incerteza, a poesia tem muito a nos oferecer.

Também podemos recorrer às adivinhas para trabalhar material poético com os menores de sete anos. Podemos criar adivinhas com

---

[6] MEIRELES, Cecilia. Leilão de jardim. In: *Ou isto ou aquilo*. São Paulo: Global, 2014.

objetos que estejam no entorno das crianças e tenham presença física, visível e aparente; por exemplo: "Eu ofereço lugar para sentar quando você está cansado", "Dentro de seu largo corpo de madeira há outro corpo negro com o qual você escreve", "Veda a entrada do vento e nos permite ver a luz do Sol" ou "Pouca terra e um balde de lama que, juntos, sustentam as raízes do gerânio". Pouco a pouco, as crianças começarão a criar suas próprias adivinhas para, em seguida, propô-las a seus pares.

Mais tarde, conforme o grupo for adquirindo habilidades, será possível criar adivinhas que se relacionem com, por exemplo, o que se pode ver em uma página dupla de um livro ilustrado que todos olham: "Vai até as profundezas da terra e retorna carregado com água doce", "Vive na floresta e é famoso por sua ferocidade e porque gosta muito de carne de porco" ou "Mais de cem árvores reunidas em um mesmo terreno, formando um único lar para aves, cogumelos, cervos, samambaias e serpentes".

Outra maneira de trabalhar a poesia é colocar diante das crianças fotografias maravilhosas ou pinturas extraordinárias de artistas de renome, com o objetivo de incentivar comentários depois de vários minutos de contemplação. Diante do conteúdo estético dessas obras, a maioria das vezes as crianças responderão com linguagem poética.

> Diante do conteúdo estético da arte universal, as crianças costumam responder com linguagens poéticas.

70   Quem conta um conto... Os menores de sete anos como leitores e autores

Assistir a concertos, visitar museus, galerias de arte, instalações e ateliês de artistas é, entre outras coisas, trabalhar conteúdos poéticos que, com grande probabilidade, moverão os sentimentos e a imaginação criativa das crianças.

O GOSTO ESTÁ NA VARIEDADE

À maneira de um sistema, os diferentes gêneros se interrelacionam para tecer uma rede que informa, provoca, convida, remete, sugere, estimula e propicia novas leituras e novas criações derivadas. Uma declaração pode dar lugar a um ensaio, e um ensaio, a uma história. Em uma história pode-se encontrar o tema de um poema, e em um relato histórico, a base de um desafio. Uma narrativa que trata de cerimônias rituais muito provavelmente contém canções e gestuais que remetem o leitor a um antigo testemunho.

Em termos relativos, no entanto, na oferta editorial para os menores de sete anos encontramos mais histórias do que poemas, ensaios, testemunhos, discursos ou desafios. Por isso, e enquanto aparecem os títulos de que precisamos, nós, adultos, nos vemos diante do compromisso de preparar – como autores – livros ilustrados e feitos em casa ou na escola contendo exemplos de gêneros distintos.

É possível que, em um primeiro momento, o promotor de leituras se sinta paralisado frente a essa tarefa. No entanto, se consegue vencer o medo inicial e começa a produção de livros de diferentes gêneros – com plena confiança em suas capacidades emocionais, intelectuais e criativas, com a cumplicidade de outros e tendo em conta a opinião das crianças –, o temor é substituído pelo prazer, e um entusiasmo criador vai impulsioná-lo a fazer um livro por mês ou, quem sabe?, a cada quinzena. O trabalho é começar; o resto é deixar rolar, porque é imensa a satisfação que se sente ao produzir livros do agrado das crianças pequenas.

Antes de ilustrar e encadernar os livros, será necessário apresentar os manuscritos a alguns amigos ou colegas para que os analisem e deem seus comentários e pontos de vista. Com essas opiniões em mente, será necessário corrigir os manuscritos, para aprimorá-los e trabalhar com cuidado a organização do texto em capítulos. Porque não basta boa vontade: a qualidade tem de estar no coração dos próprios produtos. Esse processo de aprimoramento é chamado de edição. Todos os autores que publicam livros impressos passam por processos de edição. Um produto sempre pode ser melhorado, com o apoio e a generosidade de alguns colegas solidários.

Uma vez compreendidas as características de cada gênero, podem-se convidar os menores de sete anos para criar suas próprias produções, para ditá-las e ilustrá-las e apresentá-las a seus companheiros. A pluralidade de gêneros permite que as crianças entrem em contato com suas preferências, distingam suas próprias nuanças e texturas e selecionem um gênero adequado à situação, ao tema ou ao momento.

Ainda que pareça inacreditável, se criarmos as condições necessárias (estímulo, muitos modelos, confiança, abertura, escuta atenta ou tempo aberto), os pequenos poderão chegar a ser grandes autores de vários gêneros.

Ensaio

O ensaio derivado de uma história é um gênero que pede a expressão de ideias próprias: "O que eu penso do que acabei de ler? Com que argumentos posso explicar minha rejeição às maneiras de atuar de um personagem? Que partes da história me pareceram terríveis ou inaceitáveis? Se pudesse falar com o autor da história, o que eu diria e que explicações pediria? A quem eu recomendaria a história que acabei de ler e por que a recomendaria? E se eu pudesse dar outro final à história, qual seria?".

O ensaio criado pelas crianças fortalece sua individualidade e tece vínculos grupais, pois as faz aparecer diante de seus pares com palavras, sentimentos, esperanças, ideias e princípios próprios. Apoiar as crianças para que reflitam, de maneira metacognitiva, sobre aquilo em que acreditam, que temem, pensam, valorizam, anseiam, imaginam, e favorecer o ensaio (oral, ditado, desenhado ou escrito com frases curtas e diretas) é propiciar, entre outras coisas, a leitura, autoria, pensamento próprio, inclusão e vida na democracia.

> A pluralidade de gêneros permite às crianças colocar-se em contato com suas preferências e descobrir que cada gênero responde a situações e emoções diversas.

Anúncios

Quando as crianças ouvem e cantam os anúncios feitos por outros, se dão conta de muitas qualidades dos objetos as quais não haviam notado antes. Quando constroem anúncios que falam de suas próprias coisas, compreendem que elas têm valor e as analisam cuidadosamente para encontrar nelas suas melhores características.

É importante que as crianças entrem entrar em contato com anúncios tradicionais para que entendam que as pessoas que anunciam as vendas cantam em voz alta as belezas e a eficácia de diferentes produtos, com a intenção de que outros os achem valiosos: "Roupa usada, lavada, passada e até remendada, roupa usada que parece nova..." ou "Laranjas redondas, toranjas douradas, tangerinas de casca fina e limas recém-cortadas, todas vitaminadas, compre laranjas, compre toranjas, para o suquinho da meninada".

A partir do momento em que as crianças entendem a função dos anúncios, podem centrar sua atenção no fato de que, para construí-los, é necessário conhecer muito bem as qualidades do produto que querem anunciar. Fazer com os grupos uma oficina de anúncios pode ser uma experiência altamente satisfatória para os oficinistas e também para os adultos, que certamente vão se surpreender com as capacidades intelectuais e afetivas das crianças.

Cito de memória algumas criações infantis que testemunhei: "Olhe minha boneca, que olhinhos tão lindos, não a vendo nunca, mas posso emprestar", "Leve a melhor bola, a mais redonda, a mais imensa", "Água de limão, fresca e verdinha, diz o doutor que serve para o resfriado e para as tristezas". As possibilidades são infinitas.

As crianças podem anunciar objetos físicos do ambiente ou objetos simbólicos das imagens ou de textos de seus livros. Em uma atividade coletiva que fiz com um grupo de pré-escolares, eles tinham a tarefa de anunciar, um por um, os personagens da história "Os Três Porquinhos". Eles anunciaram as qualidades dos porquinhos e de suas diferentes casas; em seguida, se reuniram e compuseram um anúncio em favor do lobo! Cito de memória: "Não tem culpa, está morto de fome, leve-o para sua casa e lhe dê chocolate".

> **DO BAÚ DE HISTÓRIAS**
>
> Ao morder a maçã envenenada, Branca de Neve caiu imediatamente em um sono profundo...

litchima/Shutterstock.com/ID/BR

A biblioteca familiar ou escolar pode ser enriquecida com fichas que registrem esses anúncios com textos e ilustrações. Assim, as crianças viverão como autores, terão a opção de memorizar os anúncios preferidos e contarão com uma ferramenta para recordá-los. Com essas memorizações voluntárias, o grupo pode brincar na rua, percorrendo o espaço de uma esquina a outra, com seus anúncios ditos em sua própria cadência e em voz alta.

Discurso

O discurso é outro gênero que agrada às crianças com menos de sete anos. A ideia geral é conhecer bem o espaço, os fatos e as circunstâncias que se relacionam com a ação para a qual deseja convidar o público, para em seguida produzir um texto capaz de inflamar os corações e inspirar as vontades.

Quando as crianças constroem discursos, elas se tornam conscientes do espaço público, esse espaço ao qual acorrem grupos e indivíduos para negociar interesses, significados e sentidos, e tomar decisões conjuntas. O discurso é uma entrada precoce no mundo da proposta, do diálogo e do debate, tão importantes para a configuração de ideias próprias, a concepção de projetos pessoais e conjuntos e a construção compartilhada de consensos e acordos interpessoais e sociais.

Certa vez ouvi este discurso, construído por crianças: "Se levamos a caixa de areia até o pátio e a tiramos do jardim, podemos plantar flores. Vamos! Vamos ao jardim! Vamos plantar flores!".

Testemunho

O testemunho é um gênero muito especial porque requer muito vocabulário e boa memória. Quem oferece um testemunho conta aos outros o que viu, as circunstâncias em que isso aconteceu, os detalhes que acompanharam o evento, os atores envolvidos, as questões que foram levantadas e qual foi o resultado. Quem oferece um testemunho tem de manter sua história fiel à realidade, sem acrescentar nada de sua própria imaginação. O testemunho, por sua vez, pode originar histórias, ensaios ou discursos, mas, como tal, necessita permanecer fiel aos fatos.

As crianças podem trabalhar o gênero identificando testemunhos em suas histórias. Por exemplo, em "O Alfaiate Valente", podem encontrar o seguinte testemunho dito por um casal de vizinhos: "Nós os vimos em uma clareira na floresta; eram sete gigantes, mais altos que as árvores. Estavam juntos e conversavam uns com os outros enquanto cada um comia seu próprio cervo"; ou, em "Cinderela", podem encontrar o seguinte testemunho, dado por um rato: "Eu a vi encerrada em uma torre. A bruxa pegou a chave e a guardou em seu avental. Cinderela está chorando. Apenas olha e olha pela janela. E enquanto isso a madrasta canta e canta".

Com pequenas coisas, ou eventos extraordinários, as crianças também podem construir seus próprios testemunhos com base em fatos da vida diária: o processo pelo qual a enfermeira vacinou seu irmão, a maneira como um vendedor do mercado escolheu o melão mais suculento, o relato de como uma menininha achou o ovo de chocolate antes do domingo de Páscoa e o que aconteceu depois, ou a gritaria que ocorreu naquela manhã, quando a família acordou para descobrir que não havia água na casa.

Como os testemunhos relatam com fidelidade os fatos concretos do cotidiano, permitem que as crianças compreendam o quão importantes são suas vidas e como podem ser maravilhosas as pequenas coisas. Permitem compreender o que significa ser protagonista da vida e as convidam a ler seu ambiente e seus livros em busca de depoimentos que possam compartilhar. Além disso, os testemunhos favorecem as reflexões intra e interpessoais, pois convidam as crianças a pensar nas consequências das decisões e dos atos dos indivíduos.

Há muitos outros gêneros: reportagem, entrevista, notícia, epitáfio, sinopse, trava-línguas, canto de caminho e peregrinação, fábula, carta, advertência, sentença, entre outros. O importante não é que as crianças aprendam os nomes desses gêneros e sigam suas regras, e sim que reconheçam que na variedade está o gosto e que cada um se sente confortável de um jeito. Quanto mais gêneros apresentamos às crianças, mais abrimos diante delas um mundo imenso de possibilidades.

> O testemunho requer uma grande capacidade de observação, muito vocabulário e boa memória e convida as crianças a valorizar, ordenar e significar as pequenas coisas.

RELATOS CIENTÍFICOS E TECNOLÓGICOS

Os relatos científicos e tecnológicos são essenciais nas coleções dirigidas aos menores de sete anos. Entre outras razões, porque colocam diante das crianças mundos complexos (assim como mundos dentro de outros mundos) que lhes podem ser atraentes e amigáveis; porque as convidam a observar atentamente algumas características de seu ambiente, nomeá-las e relacioná-las entre si; porque estão direcionados a sua inteligência e sua mente aberta, e as crianças sentem isso; porque movem suas mentes e as convidam a gerar perguntas e agir em busca de respostas; porque, em suas páginas, as crianças encontram coragem para olhar para o espaço exterior à noite e resistir à vertigem provocada pela força, pelo movimento e pela distância; porque, a partir de inúmeros exemplos, fazem que vejam que as pessoas podem influenciar o mundo com seus atos; porque convertem dados frios em histórias de aventura; porque com metáforas simples são capazes de se apresentar como personagens de uma história – por exemplo, um raio de sol ou uma palha de milho que precisa de terra e de água; porque mostram o mecanismo da grua que os bombeiros utilizam para atingir as janelas mais altas de um edifício em chamas, ou porque explicam a razão pela qual as feridas devem ser lavadas imediatamente.

Os livros de ciência e tecnologia costumam ser lindos, como lindos são o cosmos, o mar, a floresta, o corpo humano, o mecanismo de um relógio de pêndulo ou as tartaruguinhas recém-nascidas lutando para chegar à água.

Existem alguns livros que, para o deleite das crianças, tornam interessantes e atraentes alguns temas que, de outra maneira, estariam proibidos, como aquele livro de nome longuíssimo: *Da pequena toupeira que queria saber quem tinha feito cocô na cabeça dela*, de Werner Holzwarth com ilustrações de Wolf Erlbruch. São livros que tomam como tema o cheiro e o som dos dejetos do corpo e levam as crianças a irmanar-se com certos animais que compartilham com elas os mesmos processos fisiológicos e o que esses processos produzem.

> Os livros de ciência e tecnologia convidam a fazer perguntas e buscar respostas.

Companhia das Letrinhas/Arquivo da editora

Os relatos tecnológicos convidam as crianças a relacionar o que veem nas páginas dos livros com o que podem fazer em seu próprio ambiente. Por exemplo, a descrição do declive e do plano inclinado talvez as estimule a preparar cordas inclinadas e caminhos com inclinações acentuadas para fazer deslizar suas bonecas; um mapa das estrelas mais próximas da Terra talvez as convide a esperar pela próxima lua nova para contemplar o céu e perguntar por que os astros não são vistos da mesma maneira com a lua cheia ou por que as estrelas cintilam.

Os temas são inesgotáveis. O mecanismo que permite fazer correr a cortina de um teatro; as muitas maneiras de fazer nós; o jargão que se utiliza para conduzir ao portão um avião que acaba de aterrissar; o jogo de espelhos oculto em um telescópio; o funcionamento de um relógio de sol; o curso de um rio ou o movimento das nuvens; a organização de um formigueiro ou a polinização das flores; a vida silenciosa dos cogumelos e seus muitos hábitats; a transformação do pasto em leite; a causa da sucessão do dia e da noite; a vida íntima do subsolo; ou a relação que, no voo das pipas, existe entre o vento, o papel, o fio e a distância. Todos esses são tópicos que interessam e dão prazer a crianças menores de sete anos, se em vez de apresentados como ensinamentos o são como relatos admiráveis.

Em todos os casos, os relatos de ciência e tecnologia com intenção narrativa explicam às crianças que no mundo há movimento, ordem, padrões, intercâmbios e leis; que, por meio de suas observações, perguntas, hipóteses, experimentos e experiências, as pessoas podem entender cada vez melhor o mundo e influir nele por suas ações; e que a ciência, como a vida, é um processo aberto.

É importante propiciar que a leitura desses materiais se dê no tempo e espaço adequados, que seja acompanhada de assessoria e proximidade acolhedora e criativa, bem como daqueles recursos que permitem às crianças colocar em prática, com ações, relações e projetos, aquilo de que duvidam, o que imaginam, sabem ou pressentem, no próprio centro de seu ambiente.

DO BAÚ DE HISTÓRIAS

[...] e enquanto isso, a trança da Rapunzel crescia, crescia e crescia um pouco a cada dia.

DICIONÁRIOS

Entre os livros informativos há os dicionários ilustrados. As crianças com menos de sete anos de idade podem ter uma grande coleção deles: orografias e paisagens; habitantes da floresta ou do mar; épocas, profissões, pintura, dança, vestuário e móveis; veículos, aparelhos e máquinas, entre muitas outras coisas.

Os dicionários dirigidos a menores de sete anos não apresentam as palavras em ordem alfabética: trazem pranchas com universos onde as coisas se relacionam umas com as outras. Por isso, quando dão nomes a elas, os dicionários contextualizam, ordenam, sugerem vínculos e promovem o enriquecimento do vocabulário.

Os dicionários também incentivam o pensamento criativo ao convidar as crianças a estabelecer sutis ligações entre as coisas e realizar jogos do tipo: "Imagine que relações pode haver entre um martelo e uma estrada de ferro". Elas costumam gostar muito desse tipo de jogo, que as convida a considerar, relacionar, optar e eleger elas mesmas; pelo simples prazer de jogar, sabendo que não existe uma resposta única e correta, mas tantas quantas o tempo, a imaginação e o conhecimento lhes permitam criar.

Rainer Maria Rilke, engenhoso escritor nascido em Praga, disse que o poeta é aquele ser que trabalha obstinadamente para que o improvável aconteça e para unir coisas que, de outra forma, jamais se juntariam. Criar laços, diminuir distâncias, evidenciar ausências e provocar possibilidades é a tarefa do poeta. A leitura de dicionários, sob esse ponto de vista, é uma excelente estratégia para construir pontes entre o que aparentemente não tem relação e oferecer argumentos próprios que justifiquem essas conexões.

Tanto os dicionários como os relatos científicos e tecnológicos dirigidos aos menores de sete anos precisam ser apoiados em uma intenção narrativa que lance focos de luz sobre algumas das grandes maravilhas do cosmos, da natureza e das capacidades humanas, e as entrelacem como se fossem figuras desenhadas em uma tela.

> Ao dar nome às coisas, os dicionários dirigidos aos menores de sete anos, contextualizam, ordenam, sugerem vínculos e promovem o enriquecimento do vocabulário.

BIBLIOTECAS

Em termos precisos, uma biblioteca é uma grande coleção formada por livros, mapas e álbuns, ordenados de acordo com certo critério e disponibilizados – conforme diversas regras – a um grupo de leitores/escritores. Portanto, como satisfaz gostos, necessidades, possibilidades e critérios variados, cada biblioteca é diferente, única e irrepetível, como a de Alexandria, a de José Mindlin, a da avó materna, a da esquina ou a da sala de aula.

Nos materiais de uma biblioteca estão autores com suas correspondentes ideias, emoções, experiências, tempos, testemunhos e propostas. Portanto, podemos pensar na biblioteca como um lugar habitado no qual, conforme necessitem ou desejem, os leitores podem entrar para dialogar, refletir ou debater com os autores e compartilhar com outros leitores os resultados de seus diálogos, reflexões e debates.

Uma biblioteca pode ser uma trincheira na qual as crianças se refugiem de vez em quando para recuperar as forças ou uma catapulta que as lance a distância para lhes mostrar lugares e horizontes alternativos e estimular o surgimento de novas perguntas.

Também pode ser um clube onde as crianças encontrem parceiros com quem viver aventuras ao entrarem juntos nas páginas de uma história ou ao saírem de um relato famintas por uma conversa, cheias de dúvidas, emoções, argumentos e imagens.

Pode ser um centro de estudos no qual as crianças aprendam, por exemplo, as formas como se relacionam os moradores da floresta, as fases da Lua ou o processo de converter o trigo primeiro em farinha e depois em pão.

Também pode ser um centro de meditação para que as crianças, de maneira pessoal e silenciosa, entrem em contato com elas mesmas, sem que ninguém as distraia ou lhes peça explicações.

A biblioteca pode também ser uma editora à qual as crianças acorrem para desenhar e escrever seus próprios textos; para lapidá-los, melhorá-los e encaderná-los até convertê-los propriamente em livros, com tiragens de duas ou três cópias (que servem para conservar uma na coleção pessoal, presentear outra a um parente ou vizinho e doar uma terceira à biblioteca da escola, por exemplo).

A biblioteca pode ser um lugar de congregação em que as crianças apresentem ideias, dúvidas e produções próprias, para que as demais as conheçam, comentem e debatam. Ou pode abrigar seminários nos quais, por meio da imaginação e da voz das crianças, os personagens das histórias debatam entre si e coloquem sobre a mesa suas motivações, medos, perguntas e objeções.

Para construir um espaço que seja ao mesmo tempo lar, trincheira, catapulta, editora ou centro de convivência, os responsáveis pelas bibliotecas – além de serem leitores e estarem conscientes dos diversos movimentos emocionais, sociais e intelectuais que a leitura pode propiciar – precisam conhecer, de forma ética, estética, linguística, cultural e científica os conteúdos das coleções que oferecem às crianças. Precisam conhecer os personagens malvados, aterrorizantes, generosos, aventureiros, heroicos e tímidos que existem no acervo. Precisam saber que nas coleções há espaços de paz, horror, alegria, estudo, intriga, amor, catástrofe ou suspense. Também precisam ser capazes de localizar os livros rapidamente quando as crianças os pedem. É importante que tenham aqueles livros que falam, com diferentes pontos de vista e visões, de uma mesma época, de um mesmo tema, um mesmo problema ou um mesmo sentimento. Precisam ser capazes de construir, com informação, imaginação e inteligência poética, constelações radiantes com os livros da coleção e encontrar maneiras de colocar essas constelações abertas e ao alcance das crianças.

MIDIATECAS

Para facilitar a leitura, o fortalecimento da individualidade, o amor pela alteridade, o enriquecimento do vocabulário, a comunicação entre pares, o pensamento aberto e a inteligência criativa, podemos falar, entre muitas outras coisas, sobre dois conceitos relativamente novos: a midiaesfera e a midiateca.

Como se sabe, a biosfera é esse espaço terrestre onde ocorre a vida e que é constituído por pessoas, plantas, animais, solos, climas, altitudes, pressões atmosféricas, correntes marinhas, nuvens, cavernas, oxigênio e jazidas, entre muitas outras coisas. Seguindo essa linha de pensamento, a midiasfera é aquele espaço povoado por mensagens humanas que circulam por meio de livros, revistas, jornais, programas de rádio e televisão; habitado por conteúdos e debates científicos, por aparelhos e ferramentas, por diferentes línguas e linguagens, por locais colocados no espaço virtual com casa própria, por redes cibernéticas e por cibernautas.

A midiateca é um espaço onde as crianças encontram meios que as colocam em contato com os livros, a fotografia, os brinquedos, o teatro, a internet, os jogos interativos, o mundo dos mapas, a música, a pintura e o vídeo.

Em concordância com a midiasfera, a midiateca é um espaço plural onde as crianças encontram meios que as colocam em contato com os livros, a fotografia, os brinquedos, o teatro, a internet, os jogos interativos, os labirintos, o mundo dos mapas, a música, a dança, a pintura e o vídeo. É um espaço dirigido às inteligências múltiplas que leva em conta as preferências e os interesses diversos das crianças, como indivíduos e como grupo.

Uma *teca* é um espaço que protege, organiza e disponibiliza aos usuários algo específico: a filmoteca contém filmes; a hemeroteca arquiva jornais e revistas; a pinacoteca guarda pinturas e gravuras; a discoteca, a música gravada; a ludoteca, jogos e brinquedos; a mapoteca, mapas; e a biblioteca, livros.

Ao entrar em uma midiateca dirigida a crianças menores de sete anos, o visitante pode ver, ao mesmo tempo e no mesmo espaço: crianças que leem sozinhas, à meia-voz ou em leitura silenciosa; outras que leem em grupo e debatem; outras que jogam um jogo da memória especial, feito com personagens e imagens de uma história específica; outras que ouvem música com fones; outras que fazem pequenos animais viajarem sobre um mapa gigante do mundo do Gato de Botas; outras que assistem a filmes ou participam de uma história interativa pelo computador; outras que se disfarçam ou brincam com marionetes de dedo, e outras ainda que fazem seus próprios livros à mão.

Para além da própria biblioteca, uma parte importante da midiateca é a brinquedoteca, que contém jogos silenciosos, como quebra-cabeças, labirintos, jogos da memória e dominós (preparados pelo ludotecário com conteúdos sem distinção de gênero), triângulos simples para jogar tangram e fichas com brincadeiras de roda.

Outra área importante é a do teatro, com marionetes de dedo, máscaras, bonecos e ferramentas de trabalho para que as crianças se fantasiem e atuem. Nessa área da midiateca será necessário haver um espelho de corpo inteiro, de modo que os fantasiados se contemplem convertidos em monstros, lobos, carneiros, pais, mães, bebês, rochas ou gigantes, e possam, simbolicamente, olhar-se diferentes, imaginar que são outra pessoa e desempenhar novos papéis.

Outra área da midiateca pode contar com gravações com música feita pelas próprias crianças, junto com música gravada por outras pessoas. Assim como para as histórias do acervo há catálogos ilustrados, nesse caso é possível marcar as capas dos álbuns com ilustrações feitas especialmente para essa finalidade, e construir catálogos nos quais essas ilustrações apareçam ao lado dos nomes das faixas. É importante que as crianças contem com fones de ouvido para escutar o que preferem sem que sua música invada o espaço dos demais.

Outra seção interessante é a mapoteca, que inclui mapas do mundo que rodeia as crianças: o bairro, a rota do ônibus, o interior do mercado, as salas de aula da escola, os móveis, os pátios e corredores. A mapoteca pode também incluir mapas gigantes dos diferentes mundos contidos no acervo, como os mundos de *Chapeuzinho Vermelho*, *Os Três Porquinhos*, *O Gato de Botas* ou da Terra do Nunca, com suas ilhas, mares e navios. As crianças podem explorar esses mapas com carroças, cavalos, canoas e aviões, enquanto conversam e imaginam; ou podem fazer bonecos de papelão para povoar os mapas e dar vida e voz a esses habitantes.

As fotos de pessoas, plantas, animais, lugares, situações, pinturas ou rostos, por exemplo, desempenham um papel fundamental na midiateca. Por meio dessas fotos, as crianças podem dialogar com a dança, o trabalho, a arquitetura, o bordado, a escultura ou cerimônias de vilarejos remotos, que as remetem a sua própria cultura e vida cotidiana.

Lostry7/Shutterstock.com/ID/BR

DO BAÚ DE HISTÓRIAS

A boa Cinderela alegrava seus dias com bonitas canções que ensinava aos ratinhos.

Sempre que possível, é importante ter acesso à internet para que as crianças – desde pequenas e com o apoio dos adultos próximos a elas – ingressem pouco a pouco nessa imensa midiateca que é a rede das redes: a rede global, o acervo dos acervos, essa biblioteca infinita que é de todos e que se constrói e reconstrói diariamente com contribuições de todos. O acesso à internet também vai permitir que as crianças comecem a estabelecer diálogos com interlocutores virtuais – próximos ou distantes.

Trata-se, em resumo, de propiciar, por todos os meios e recursos disponíveis, que as crianças permaneçam em diálogo constante, crítico, criativo e autônomo com elas mesmas, com os outros (indivíduos, grupos, sociedades) e com o outro (natureza, línguas, culturas, literatura, ciência, tecnologia, aparelhos e ferramentas).

CONVERSAS ENTRE PARES

> **DO BAÚ DE HISTÓRIAS**
> À luz da lua, o feijão mágico cresceu, cresceu e cresceu até perder-se nas nuvens.

Talvez um dos elementos mais importantes ao promover a leitura/escrita seja o incremento das conversações entre pares. Por causa de suas leituras e vivências, as crianças, em suas conversas compartilham experiências, amores, dúvidas, olhares, emoções, significados, hipóteses, desejos e descobertas. E em meio à conversa, com o pensamento aberto, voltam aos livros com frequência, para sustentar o que dizem e enriquecê-lo; para formular perguntas e construir novos argumentos.

Quando conversam assim, as crianças são capazes de reconhecer comentários diferentes, expandir e explicar pontos de vista, sugerir mudanças de uma época para outra, ou de um lugar para outro; de promover livros e autores, descobrir erros, denunciar impossibilidades e sugerir outros finais; de expressar dilemas, encontrar repetições e descobrir sistemas; admirar imagens, falar de seus medos e decepções e propor ideias.

unknown1861/Shutterstock.com/ID/BR

Graças a essas conversas, as crianças entendem, antes de completar sete anos, que cada livro tem diferentes leituras porque cada leitor é diferente. Por isso, com um interesse genuíno, elas perguntam umas às outras: "Como você explica esse final tão esquisito? O que você sentiu quando começou a tremer na página 7? Você gostaria de viver nesse reino?". Perguntam com coragem, sabendo que obterão respostas diferentes do que pensam e que algumas dessas respostas serão incompreensíveis e estranhas.

Esses encontros abertos permitem que as crianças entendam (não com palavras, mas com intuições) que, pela magia da leitura, os significados que permeiam os livros – porque ali os colocaram os autores – podem explodir e dar lugar a muitos e diferentes significados. Assim, além de ir pela vida abrindo livros para descobrir mistérios, as crianças vão pela vida conversando com os leitores que leram os mesmos livros que elas, para encontrar surpresas, refletir à luz de outros elementos e enriquecer com novos olhares. Entenderão que a vida, como a ciência, a arte ou a tecnologia, constitui universos abertos onde desempenham o papel de ator e espectador ao mesmo tempo; e, no melhor dos casos, sentirão um forte impulso que as levará a meditar sobre sua privacidade e foro próprios, a imaginar e realizar suas próprias criações para colocar diante dos outros suas significações.

Como é uma relação entre pares, nessas reuniões as crianças são as protagonistas, são elas que decidem os temas e as pautas. Mesmo assim, precisam dos adultos.

Os adultos que acompanham as crianças que participam de momentos de leitura (professores, familiares, amigos, vizinhos ou bibliotecários) desempenham diferentes papéis e cumprem diferentes funções. São os responsáveis por pesquisar, encontrar e estabelecer tempos e espaços íntimos para a leitura/conversa/significação derivada; por construir coleções (com materiais próprios e adquiridos) que sejam significativos para as crianças e de dar a elas livre acesso a esse material, ordenado e sujeito a regras de uso conhecidas e acordadas por todos. Esses adultos têm a tarefa de manter um clima de inclusão e respeito, de trabalhar com as crianças para que aprendam a pedir e a dar a palavra, a valorizar a diversidade como elemento interfecundante, assim como a ouvir e a levar em consideração o que os outros dizem. Devem incentivar as perguntas, estabelecendo para o grupo que elas brotam da inteligência, da coragem, da imaginação e do conhecimento, e que não há respostas únicas, apenas abordagens plurais e diversificadas. Devem exercitar a arte de enfrentar dilemas, não com afirmações categóricas mas com perguntas abertas.

Tudo isso constitui uma infraestrutura necessária. No entanto, uma vez iniciada a conversa, as crianças têm a palavra e ao adulto cabe estar ali, acompanhando-as com ânimo respeitoso, caloroso e perseverante. Talvez de vez em quando tenha de desfazer desvios, promover inclusões ou trazer outras luzes diante de paradoxos ou problemas, mas só isso. Somente às crianças, participantes dessas conversas, corresponde o prazer – sem metas fixas ou propósitos predeterminados – de executar ludicamente suas próprias danças intelectuais, éticas, ecológicas, linguísticas, estéticas, políticas e culturais; em grupo, com inclusão, com imaginação tolerante, abertura e debate abundante.

Nessas conversas, as crianças encontram razões para exercer e solicitar a solidariedade, fortalecem sua individualidade e tecem redes interpessoais e sociais; contemplam umas às outras como pessoas inteligentes capazes de responder ao mundo e – além da mera resposta – imaginar modos, rotas e destinos próprios.

EM BUSCA DE QUALIDADE: ALGUNS INDICADORES DE SUCESSO

ANEXO 1

A qualidade é um processo que nos aproxima, passo a passo, de um lugar que alguém (pessoa, grupo, escola ou família) marca para si. A qualidade é um processo que tem que ver com a melhoria gradual e constante da pertinência, eficácia e consistência das ações de uma pessoa ou grupo para se aproximar desse lugar que imaginaram e desenharam por si e para si mesmos. Na medida em que alguém tem claro para onde quer ir e como quer ir, pode medir a qualidade de seus atos a partir de marcas, pegadas e outros indicadores visíveis que falem dela.

Para terminar este livro, proponho três conjuntos de indicadores (observáveis, analisáveis, discutíveis e avaliáveis) com a intenção de oferecer um guia para a reflexão, para a identificação de ausências, presenças, potências e necessidades, bem como para a concepção de rotas e estratégias de melhoria. Trata-se de indicadores que, por sua vez, buscam sugerir novos indicadores que falem, não de maneira linear, mas radial, da apropriação da leitura/criação durante os primeiros sete anos de vida.

O pensador mexicano Juan José Arreola adverte: "O amor que abandona não é amor". Em termos de leitura/criação, o amparo é um compromisso que envolve a proteção, a inclusão, a provisão, o encorajamento, o calor, a liberdade e a causa constante de alegria e admiração. Esses indicadores servem para sugerir outros e favorecer, a partir de sua análise, curas, melhorias e celebrações em torno da qualidade com que promovemos o contato criativo das crianças, com elas mesmas e entre elas, com seu ambiente natural e social e, claro, com a literatura.

Os professores e os adultos como leitores/escritores

◊ Têm sempre à mão um livro que estão lendo.

◊ Durante o dia, encontram tempo para avançar na leitura desse livro.

◊ Sempre que podem, mantêm perto deles, em um lugar íntimo e privado, alguns de seus livros favoritos.

◊ Se lhes perguntam, dizem de imediato um ou dois títulos que "precisam ler" e que pensam ler assim que possível.

◊ Conversam com outras pessoas sobre o que estão lendo ou leram.

◊ Por conta própria, e com entusiasmo, promovem seus autores e livros favoritos entre os colegas e amigos.

◊ Escrevem, pelo menos uma vez por quinzena, seus próprios poemas, histórias, ensaios ou relatos e os compartilham com outras pessoas.

◊ Perguntam por pessoas próximas que estejam escrevendo adaptações e textos próprios, para conversar com elas.

Os professores e os adultos como criadores e administradores de acervos

◊ Dizem sem hesitar, de cor, pelo menos, quinze títulos do acervo que oferecem às crianças.

◊ Listam os nomes de cinco ou sete livros favoritos do público infantil.

◊ Explicam algumas razões pelas quais, em sua opinião, as crianças preferem determinados livros.

◊ Repetem de cor citações textuais ditas pelas crianças a partir de suas leituras.

◊ Lembram-se do nome dos personagens com características específicas (malvados, heroicos, amados, temidos ou inteligentes) que "habitam" o acervo com que trabalham.

◊ Contam em voz alta, e de cor, com gestos e palavras próprios, as histórias que aparecem nos livros do acervo com que trabalham.

◊ Leem livros em voz alta na frente das crianças, mostrando-lhes as ilustrações e adequando textos ou diálogos ao contexto e à idade dos membros do grupo.

◊ Nomeiam três ou cinco livros que "é urgente conseguir" para o acervo com que trabalham.

◊ Explicam as razões pelas quais gostam ou não de um livro.

◊ Além de histórias e poemas, em seu acervo há cancioneiros, mapas, músicas, revistas e álbuns com fotos e pinturas.

◊ Se forem solicitados, podem fazer (a partir do acervo com o qual trabalham com as crianças) uma constelação de quatro ou cinco livros que girem em torno de um título-eixo e justificar as ligações entre os livros escolhidos.

◊ Explicam o que, em sua opinião, são os "cinco principais obstáculos" que dificultam a leitura infantil em relação aos espaços e à infraestrutura (no quarto, em casa, na escola ou na biblioteca pública, conforme sejam educadores, professores, familiares ou bibliotecários).

◊ Expressam quais, em sua opinião, são as cinco qualidades básicas que os espaços de leitura infantil devem ter (no quarto, em casa, na escola ou na biblioteca pública e na comunitária).

◊ Quando alguém lhes pede uma recomendação para uma determinada faixa etária, fazem uma série de perguntas antes de indicar um título.

◊ Se, a respeito de um livro, lhes é pedido que digam que perguntas fariam a um grupo de crianças de uma determinada idade para estimular uma conversa, criam cinco ou seis perguntas uma atrás da outra.

◊ Se lhes é pedido que deem sua opinião pessoal sobre um determinado livro, dão essa opinião e a justificam.

◊ Listam, sem vacilação, cinco coisas que pediriam para melhorar seu trabalho de propiciar a leitura/escrita.

◊ Explicam com muita facilidade duas ou três razões pelas quais se alegram por promover a leitura/escrita em sua escola, família ou biblioteca pública ou comunitária.

Crianças leitoras/escritoras

◊ No espaço infantil (quarto, casa, escola, biblioteca pública ou comunitária), há um acervo destinado às crianças menores de sete anos.

◊ É evidente que as crianças têm acesso livre aos livros da coleção.

◊ Quando lhes é pedido, as crianças são capazes de procurar e encontrar um determinado título dentro de sua coleção.

◊ O tempo disponível e o espaço de leitura oferecem diferentes condições para que as crianças vejam os livros, seja de forma pessoal e reflexiva, em pequenos grupos com diálogo interpessoal, seja em grandes grupos com conversas e debates.

◊ Com acompanhamento discreto de adultos, as crianças falam livremente de seus livros; discutem, contemplam, recordam, comentam ou elaboram perguntas e hipóteses.

◊ Estabelecem relações observáveis entre o que leem e seu ambiente.

◊ Em geral, as crianças resolvem suas discrepâncias por meio de explicações, perguntas e argumentos.

◊ O tempo disponível e o espaço de leitura oferecem diferentes condições para as crianças responderem a suas leituras com expressões, propostas, perguntas, hipóteses, finais alternativos variados, correções, esclarecimentos ou histórias próprias.

◊ As crianças produzem seus próprios livros (ditados, ilustrados, contados a um gravador ou escritos por elas mesmas) e os fabricam com o apoio dos adultos.

◊ No acervo constam os livros feitos pelas crianças.

◊ As crianças manifestam seu gosto quando leem livros do acervo para leitores menores e os convidam ativamente a lê-los, com atitudes acolhedoras.

◊ Quando lhes é perguntado, as crianças são capazes de falar dos personagens de seu acervo, mesmo sem ter os livros à vista.

◊ Quando lhes é pedido, as crianças são capazes de pegar uma história do acervo e, virando as páginas uma a uma, contá-la aos visitantes com palavras, sons e gestos próprios.

◊ As crianças são capazes, também, de contar aos visitantes uma ou duas histórias de seu acervo, mesmo sem ter os livros à vista.

◊ Fazem parte do acervo, encadernados e ilustrados, livros feitos pelos professores, pelos parentes das crianças ou por outras pessoas próximas.

EM SUAS PRÓPRIAS PALAVRAS

ANEXO 2

Às vezes conscientemente e outras inconscientemente, nas páginas deste livro, recolho, ressignifico, recrio e relaciono ideias, dúvidas, surpresas, decepções, risos, descobertas ou intuições de autores que contribuíram e contribuem para a configuração e o avanço desse mundo que chamamos nosso. A título de reconhecimento, escolho alguns (aos quais faço referência na bibliografia), para que falem aqui com voz própria.

> Creio que Emerson escreveu em algum lugar que uma biblioteca é um tipo de caverna mágica cheia de mortos. E aqueles mortos podem ser ressuscitados, podem ser trazidos de volta à vida quando se abrem as suas páginas.
>
> (Jorge Luis Borges, 2000, p. 12.)

> O mundo, para os pós-modernos, é uma construção humana. Nós o criamos com as histórias que inventamos para explicá-lo [...] não se compõe de verdades, mas de opções e possibilidades. É um mundo criado pela linguagem, unido por metáforas e significados acordados e compartilhados que vão mudando com o passar do tempo.
>
> (Jeremy Rifkin, 2000, p. 255.)[7]

> Na medida em que possui uma infância, em que não é sempre falante, o homem não pode entrar na língua como sistema de signo sem transformá-la radicalmente, sem constituí-la como discurso.
>
> (Giorgio Agamben, 2005, p. 67-68.)

---

[7] No original: "El mundo para los posmodernos es una construcción humana. Lo creamos con las historias que inventamos para explicarlo [...] no se compone de verdades, sino de opciones y posibilidades. Es un mundo creado por el lenguaje, unido por metáforas y significados consensuados y compartidos que van cambiando con el paso del tiempo" (N. da T.).

E mal eu digo, se esvaziam: as coisas se esvaziam e os nomes se preenchem, já não estão ocos, os nomes são pletoras, são doadores, estão cheios de sangue, leite, sêmen, seiva, estão cheios de minutos, horas, séculos, grávidos de sentidos e significados e sinais, são os signos de inteligência que o tempo faz a si mesmo, os nomes sugam o tutano das coisas, as coisas morrem sobre esta página mas os nomes prosperam e se multiplicam, as coisas morrem para que os nomes vivam.[8]

(Octavio Paz, 1998, p. 48.)

Passava horas percorrendo os quadrinhos de cada série de um número a outro, contando para mim mesmo mentalmente as histórias cujas cenas interpretava cada vez de maneira diferente; inventando variantes, fundindo episódios isolados em uma história mais ampla, descobrindo, isolando e coordenando as constantes de cada série, contaminando uma série com outra, imaginando novas séries em que personagens secundários se tornavam protagonistas.

(Italo Calvino, 2010, p. 109.)

Cabe-lhe [à educação] a missão de fazer com que todos, sem exceção, façam frutificar os seus talentos e potencialidades criativas, o que implica, por parte de cada um, a capacidade de se responsabilizar pela realização de seu projeto pessoal. Esta finalidade ultrapassa qualquer outra. A sua realização, longa e difícil, será uma contribuição essencial para a busca de um mundo mais habitável e mais justo.

(Jacques Delors, 1998, p. 16.)

[...] o pensamento complexo aspira ao conhecimento multidimensional. Mas ele sabe desde o começo que o conhecimento completo é impossível: um dos axiomas da complexidade é a impossibilidade, mesmo em teoria, de uma onisciência. [...] implica o reconhecimento de um princípio de incompletude e de incerteza [...] é animado por

---

8 No original: "Y apenas lo digo, se vacían: las cosas se vacían y los nombres se llenan, ya no están huecos, los nombres son plétoras, son dadores, están henchidos de sangre, leche, semen, savia, están henchidos de minutos, horas, siglos, grávidos de sentidos y significados y señales, son los signos de inteligencia que el tiempo se hace a sí mismo, los nombres les chupan los tuétanos a las cosas, las cosas se mueren sobre esta página pero los nombres medran y se multiplican, las cosas se mueren para que vivan los nombres" (N. da T.).

uma tensão permanente entre a aspiração a um saber não fragmentado, não compartimentado, não redutor, e o reconhecimento do inacabado e da incompletude de qualquer conhecimento.

(Edgar Morin, 2006, p. 6-7.)

A primeira tarefa, portanto, é cartografar esses territórios. Ensinar a praticar relevos, identificar as paisagens, anotar os becos sem saída. Aqui se sublinha o obstáculo, o fluxo impossível; ali se descobre uma passagem. Florestas, pântanos, passagens naturais, rios, lagos, planícies, montanhas... Assim, a filosofia é ensinada da forma como se faz um mapa. Depois se entrega uma bússola e se convida cada um a desenhar sua rota, inventar seu próprio caminho.[9]

(Michel Onfray, 2008, p. 117.)

[...] o cômico exige algo como certa anestesia momentânea do coração para produzir todo o seu efeito. Ele se destina à inteligência pura. Mas essa inteligência deve permanecer em contato com outras inteligências. [...] O riso parece precisar de eco.

(Henri Bergson, 1983, p. 8.)

Virtudes: imaginação com a metáfora; faro para o contraditório e o incompleto, inclinação pelas convergências ocultas e mais interesse pelas perguntas e negações que pelas respostas e afirmações; alegria pela mudança (ainda que afete a própria opinião), pânico ao tédio, inclinação à discrepância e... disposição para rir de si mesmo. O cientista e o proseador virtuosos creem no diálogo e, para eles, o interlocutor é um luxo.[10]

(Jorge Wagensberg, 2007, p. 238.)

---

9 No original: "La primera tarea, por tanto, es cartografar estos territorios. Enseñar a practicar relevos, identificar los pasajes, anotar los callejones sin salida. Aquí se subraya el obstáculo, el imposible flujo; allá se descubre una línea de paso. Bosques, pantanos, vías naturales, ríos, lagos, llanuras, montañas... Así, la filosofia se enseña a la manera de como se hace un mapa. Luego se entrega una brújula y se invita a cada uno a dibujar su ruta, a inventar su propio camino" (N. da T.).

10 No original: "Virtudes: imaginación con la metáfora, olfato para lo contradictorio y lo incompleto, afición por las convergencias ocultas, y más interés por las preguntas y las negaciones que por las respuestas y las afirmaciones; alegría por el cambio (aunque afecte a la propia opinión), pánico al aburrimiento, afición por la discrepancia y... disposición a reírse de uno mismo. El científico y el conversador virtuoso creen en la conversación y, para ellos, el interlocutor es un lujo" (N. da T.).

Referências bibliográficas

Ackoff, Russel L. *Rediseñando el futuro*. Ciudad de México: Limusa, 1994.

Agamben, Giorgio. *Infância e história*: destruição da experiência e origem da história. Trad. Henrique Burigo. Belo Horizonte: Ed. da UFMG, 2005.

Barthes, Roland. *O rumor da língua*. 3. ed. Trad. Mario Laranjeira. São Paulo: WMF Martins Fontes, 2012.

Bergson, Henri. *O riso*: ensaio sobre a significação do cômico. 2. ed. Trad. Nathanael C. Caixeiro. Rio de Janeiro: Zahar, 1983.

Borges, Jorge Luis. *Esse ofício do verso*. Org. Calin Andrei Mihailescu. Trad. José Marcos Macedo. São Paulo: Companhia das Letras, 2000.

_____. *Obra poética I*. Madrid: Alianza Editorial, 1999.

Buzan, Tony. *Mapas mentais*. Rio de Janeiro: Sextante, 2009.

Calvino, Italo. *Seis propostas para o próximo milênio*: lições americanas. 3. ed. Trad. Ivo Barroso. São Paulo: Companhia das Letras, 2010.

Chapela, Luz María. *La casa del caracol*. Ciudad de México: Santillana, 2004.

Delors, Jacques. *Educação*: um tesouro a descobrir. Trad. José Carlos Eufrázio. São Paulo: Cortez, 1998.

Domínguez, Gloria; Barrio, José Lino. *Lenguaje, pensamiento y valores*: una mirada al aula. Madrid: Ediciones de la Torre, 2001.

Doyal, Len; Gough, Ian. *Teoría de las necesidades humanas*. Barcelona: Icaria, 1994.

Elizondo Martínez, Jesús O. *Signo en acción*. Ciudad de México: Universidad Iberoamericana, 2003.

Foucault, Michel. *As palavras e as coisas*. 10. ed. Trad. Salma Tannus Muchail. São Paulo: Martins Editora, 2007.

García Lorca, Federico. *Selección poética de Federico García Lorca*. Ciudad de México: Editores Mexicanos Unidos, 1979.

García Castaño, F. Javier. *Lecturas para educación intercultural*. Madrid: Trotta, 1999.

García Montero, Luis. *Lecciones de poesía para niños inquietos*. Granada: Comares, 1999.

Gibbin, John. *Así de simple*: el caos, la complejidad y la aparición de la vida. Barcelona: Crítica, 2006.

Gómez López, César. *Significado y libertad*. Madrid: Siglo XXI, 2003.

Goodman, Ken. *Sobre la lectura*: una mirada de sentido común a la naturaleza del lenguaje y a la ciencia de la lectura. Ciudad de México: Paidós, 2006 (Col. Maestros y Enseñanza).

Huizinga, Johan. *Homo ludens*. 5. ed. Trad. João Paulo Monteiro. São Paulo: Perspectiva, 2008.

Jabes, Edmond. *El libro de las preguntas*. Madrid: Ediciones Siruela, 1991 (Col. Libros del Tiempo).

Kierkegard, Sören. *Mi punto de vista*. Madrid: Aguilar, 1987.

May, Rolo. *La necesidad del mito*. Barcelona: Paidós, 1991.

Morin, Edgar. *Introdução ao pensamento complexo*. Trad. Eliane Lisboa. Porto Alegre: Sulina, 2006.

Onfray, Michel. *La comunidad filosófica*. Barcelona: Gedisa, 2008.

Paz, Octavio. *El mono gramático*. Valencia/Barcelona: Galaxia Gutenberg, 1998.

Popper, Karl. *Sociedad abierta, universo abierto*. Madrid: Tecnos, 2002.

Reyes, Yolanda. *Yo no leo, alguien me lee, me descifra y escribe en mí*. Ciudad de México: Conaculta, 2003 (Col. Lecturas sobre Lecturas, 5).

Rifkin, Jeremy. *La era del acceso*. Barcelona: Paidós, 2000.

Sen, Amartya. *Desenvolvimento como liberdade*. Trad. Laura Teixeira Motta. São Paulo: Companhia de Bolso, 2010.

Steiner, George. *No castelo de Barba Azul*. Trad. Tomás Rosa Bueno. São Paulo: Companhia das Letras, 1991.

_____ (en diálogo con Antoine Spire). *La barbarie de la ignorancia*. Madrid: El Taller de Mario Muchnik, 1999.

Swadesh, Mauricio. *El lenguaje y la vida humana*. Ciudad de México: Fondo de Cultura Económica, 1966.

Valls, Rosa; Soler, Marta; Flecha, Ramón. Lectura dialógica: interacciones que mejoran y aceleran la lectura. *Revista Iberoamericana de Educación*, Ciudad de México, OEI, n. 46, enero-abril 2008.

Vygotsky, Lev S. *La imaginación y el arte en la infancia*. Ciudad de México: Ediciones Coyoacán, 2001.

Wagensberg, Jorge. *El gozo intelectual*: teoría y práctica sobre la inteligibilidad y la belleza. Barcelona: Tusquets, 2007 (Col. Metatemas).

Xirau, Ramón. *El tiempo vivido*. Ciudad de México: Siglo XXI, 1985.

Yunes, Eliana. *El ocio como virtud*: la contemplación contra la masificación. Ciudad de México: Conaculta, 2004 (Col. Lecturas sobre Lecturas, 12).